JN409043

나는 나를 찾아 너무 먼 길을 왔다

정상건

충남대학교출판문화원

나는 나를 찾아 너무 먼 길을 왔다

발행일 2014년 10월 20일 **발행인** 정상철 **지은이** 정상건
펴낸곳 충남대학교출판문화원(궁미디어) **주소** 대전광역시 유성구 대학로 99 **전화** 042-821-6045
홈페이지 http://cnupress.co.kr **E-mail** cnupress@cnu.ac.kr

ISBN 978-89-7599-521-7 03810
정가 10,000원

나는 나를 찾아 너무 먼 길을 왔다

머리말

『나는 *나*를 찾아 너무 먼 길을 왔다』는 나의 첫 장편소설 『양귀비와 기억』(2002년 9월 도서출판 《문예운동》펴냄)과 여러모로 밀접한 관계가 있다. 『양귀비와 기억』은 독일에서 학업을 마치고 그곳에서 직장을 구해 정착함에 따라 이국사회의 일원으로서 휴가차 일시 고국을 찾으면서 일어나는 한 인간 개인의 정체성과 실존적 문제를 다루고 있다. 이번 작품은 바로 이 젊은 유학시절을 배경으로 삼고 있다. 실은 전편 격인 셈이다. 주로 화자 〈나〉의 60년대의 독일유학생활에서 겪은 일련의 체험을 소재로 삼은 일종의 '수기 형식'의 작품이다. 두 작품 모두 작중인물 정가이에 관한, 정가이를 위한, 정가이의 이야기다. 따라서 시종 그의 시각을 통해 펼쳐진다. 그러니까 이 두 작품은 소재, 성격, 배경 등 여러 가지 요소에서 서로 연관성 있는 한 묶음의 통일된 작품이기도 하고, 동시에 따로따로 때어낸 독립된 작품이기도 하다. 두 작품은 그러나 전체 구성면에서 확연히 차이가 있다.

『양귀비와 기억』은 실상과 가상, 형이상학적 명제와 형이하학적 탐미주의가 어우러진 서사구조의 창작물인 반면, 『나는 *나*를 찾아 너무 먼 길을 왔다』는 객관적 관찰과 실지 경험에 주관적 견해와 인상을 접목시킨 '기록문'이자 '체험기'다. 특히 *찬란한 과거로의 여행*에 담긴 글은 '기행 소설'에 가깝다. 그러나 그 어느 형식이든, 단지 읽는 이로 하여금 '소설처럼' 순수한 '읽는 기쁨'을 느끼게 하고 싶을 따름이다.

차례

머리말 · 5

뮌헨의 축제 · 9

장크트 오틸리엔 · 43

크리스마스, 가을, 그리고 황혼 · 60

찬란한 과거로의 여행 · 93

마음의 산책 · 176

ㅁ부록 · 185

뮌헨의 축제

10월제 Oktoberfest

미국 미네소타 주(州)에서 첫 유학생활을 시작했다. 미네소타는 크고 작은 호수가 많기로 유명하다. 크리스마스나 여름이 되면 미국친구의 가족 린치(Lynch)가(家)의 초청으로 작은 마을도시 알링턴에서 휴가를 보내곤 했다. 여름에는 호반의 별장에 가서 수상스키도 배웠고 겨울에는 숲속의 눈길을 헤치며 사냥도 해봤다. 아쉽게도 1년 반이 지난 후 뉴욕으로 전학했다. 린치 가족과의 접촉은 그러나 오랫동안 계속됐다. 뉴욕은 제2의 고향이라 불릴 만큼 내가 좋아했던 도시다. 브로드웨이, 카네기홀, 우중충한 오페라하우스, 뉴욕박물관, 미술관, 도서관, 센트럴파크, 내가 다녔던 학교가 위치한 브루클린…… 그리고 때론 브루클린 플랫부시 애버뉴에서 타임스퀘어까지 지하철을 타고 맨해튼 중심가를 구경하지 않았던가. 졸업 후 진로문제로 한동안 고민하다가, 물론 아쉬움도 있었지만, 독일로 건너갔다. 고도(古都) 하이델베르크에서 2학기를 마치고 뮌헨으로 옮겼다. 뮌헨 역시 문화도시다. 피나코텍 미술관, 독일박물관, 오페라하우스, 극장, 님펜부르크 궁전, 영국공원…… 그럼에도 만약 미국에 계속 머물렀었다면, 내 인생은 달라졌을 것이었다. 따라서 내 인생 행로 또한 어떻게 바뀌었을까 하는 궁금증을 억제하지 못했으리라. 독일로 건너간 이유야 여러 가지가 있었겠지만, 무엇보다도 구대륙의 문화와 그 찬란한 유산을 동경해 왔을 뿐만 아니라, 또한 학문을 넓히는 좋은 계기가 되지 않겠느냐는 다소 소박하고 순진한 마음에서 결단을 내렸었고, 그밖에도 요셉이란 고등학교 동기동창이 마침 뮌헨에서 공부하고 있었기에 더욱 고무된 측면도 없잖아 있었다. 하지만 한 젊은이가 자기 미래의 진로를 결정짓는 문제를 놓고 너무 안이하게 처신하지 않았나하는 생각도 들었다. 어찌되었건 그 젊은 날의 유학생활 – 거의 반 이상을 뮌헨에서 보냈다 – 그때가, 때론 시련과 절망과 고독도 있었지만, 내겐 아마도 영원히 기억에 남을 가장 아름다운 시절이 아니었나 싶었다. 요셉은 나보다 1년 먼저 스위스 프리부르(독일어발음: 프라이부르크)로 유학을 갔었다. 프리부르에서 1년간 공부하다가 뮌헨으로 전학했다. 그는 독실한 가톨릭 신자로서 요셉은 자신의 세례명이었다. 누이동생도 함께 유학 갔었는데 그녀의 세례명은 마리아였다. 요셉과 마리아. 이 두 남녀의 세례명만 놓고 보면 오누이라기보다 부부라는 표현이 더 어울릴 뻔했다. 누가 알아, 또 하나의 제 2의 위격인 성자가 태어날는지……

뮌헨 도착 첫 해부터 나는 '성 베네딕트 기숙사'에서 생활했다. 기숙사는 뮌헨대학에서 얼마 멀지 않은 슈바빙의 문화거리(레오폴트 거리) 근처에 위치한 별로 크지 않은 3층짜리 노랑 건물이었다. 레오폴트 거리는 여름의 시작을 알리는 하지가 되면 일출과 함께 생기가 넘쳐흘렀다. 대로의 인도에 좌판을 깔고 열심히 그림을 그리는 아마추어 거리 화가들, 그들의 손놀림에 이끌려 발길을 멈추는 행인들…… 슈바빙은 또 젊은이와 학생들이 쉴 새 없이 드나드는 유혹적인 곳이었다. 주점, 카페, 바(bar)뿐만 아니라 영화관과 소극장 등이 밀집해 있었기 때문이다. 물론 여기가 뮌헨의 번화가는 아니었다. 실은 내가 좋아하는 거리는 따로 있었다. 테아티너 거리. 대학본관이 위치한 루트비히 거리를 출발하여 슈바빙의 반대편에 위치한 오데온 광장을 지나서 마리엔 광장을 향해 테아티너 거리를 걷다가 첫 신호등을 건너다보면 오른쪽에 좁은 길이 나타난다. 쉐플러 가(街)로 불리는 이 짧고 좁은 길은 – 뮌헨의 상징인 두 개의 둥근 지붕의 프라우엔 교회당에 이르기도 한다 – 나중에 내겐 잊지 못할 추억의 거리가 됐다.

추측건대, 당시 뮌헨에 체류하는 한국 유학생은 20명 안팎. 나는 되도록 한국 유학생들을 피하고 – 비록 전공은 다르더라도 – 독일학생들과 가깝게 지내려고 애썼다. 또 그 애쓴 보람 때문일까, 좋은 친구들을 만났다. 돌이켜 보건대 나의 유학생활에서 가장 큰 수확은 – 공부와 연구 성취로 인한 학위 취득도 중요하지만 – 외국친구들(미국과 독일친구들)과의 두터운 교분이었다. 이들이 없었다면, 과히 나의 유학생활은 어땠을까, 하는 생각을 하지 않을 수 없었을 것이었다. 때문에 이들은 나에겐 단순한 친구 이상이었다. 세월이 흐르면서, 그리고 나이 들면서, 지금은 상호간의 접촉이 뜨음하지만 말이다. 그들과 사귀다 보니, 자연히 우리말 사용 기회가 드물어졌다. 실은 나중에 안 일이지만. 우리말 어휘선택과 구사력에 심각한 문제와 난맥상이 드러났고, 반면에 외국어(영어와 독일어) 실력은 날로 향상되어 갔다. 내가 가끔 만나는 한국인은 요셉뿐이었다. 이 친구도 몇 년 뒤 디플롬 학위를 받자 여동생과 함께 미국으로 훌쩍 떠나 버렸다.

요셉이 찾아왔다. 그는 뮌헨 역에서 얼마 떨어지지 않은 성 바울로 기숙사에서 살다가 「영국공원」 인근에 위치한 다세대주택 꼭대기 층의 두 칸짜리 방을 빌려 누이동생과 함께 생활하고 있었다. 요셉은 방에 들어서자마자 느닷없이 나가자고 다그쳤다.

우리는 눈요기 삼아 시내 중심가를 한 바퀴 돌아본 후 슈타쿠스(카를광장)에서 노이하우저 거리(지금은 보행자 전용도로)를 지나서 바로 이어지는 카우핑거 거리를 따라 가다가 뮌헨시청이 자리 잡고 있는 마리엔 광장에 도달했다. 다시 이곳에서 테아티너 거리로 방향을 꺾어서 느릿느릿 걷다가 추억의 쉐플러 가로 접어들었다. 몇 걸음 안 가서 왼편의 두 번째 건물이 시야에 들어왔다. 아담한 2층 건물. 1층은 패션 가죽핸드백 제조 작업장, 2층은 댄스교습소. 결국 우리가 도착한 곳은 댄스교습소였다. 2층 현관으로 들어서자 중앙에 좁은 복도가 나 있었고. 오른쪽엔 큰 홀, 왼쪽엔 화장실, 간이부엌, 작은 의상실이 있었다. 홀 한 구석에 소파가 놓여있어 손님들과 담소하는 자리로 사용됐다. 우리가 홀 안으로 들어가자, 댄스선생과 한 젊은 여자가 우리를 맞았다. 댄스선생은 50세가량, 젊은 여자는 20대 중반쯤 되어 보였다. 우리들은 서로 인사했다.

"정가이(鄭佳伊)."

"아드리안 슈트롬베르크. 반가워요."

선생님이 상냥하게 웃으면서 자기소개를 하고 젊은 여자를 소개했다.

"헬가 헬러."

젊은 여자와 나는 악수를 나누었다. 헬가와 요셉은 이미 서로 안면이 있는 사이었다. 그녀는 평범하게 생긴 여자였다. 웃을 때 훤히 드러나는 잇몸과 뻐드렁니가 보기 싫었다.

내가 처음 미국 땅이나 독일 땅에 발을 디디었을 때 서양여자들에 대한 나의 첫 인상은 왜 그렇게 하나같이 다 예뻐 보였을까, 하는 생각이었다. 그것은 아마도 얼굴의 생김새가 새롭고 우리의 그것과는 다르기 때문이 아니었나 싶었다. 얼굴표면에 짙고 엷은 뉘앙스가 드리워져 있는 듯 얼굴윤곽이 입체형으로 또렷한 것만은 사실이다. 특히 미끈한 다리의 각선미는 눈요깃감이었다. 반대로 우리의 얼굴형은 거의 평면에 가까우며, 표정과 개성도 없어 보였다. 또 피부색도 건강미라곤 별로 찾아보기 힘들 정도로 누르퉁퉁했다. 요즘은 얼굴에 메스를 들이대어 리모델링하기 일쑤지만 말이다. 그래서 요즘은 서구적 외모의 동양여성들을 어렵잖게 목격한다. 어쨌거나 시간이 흐를수록 새것이 눈에 익숙해지고 더 이상 새것이 아닌 이상 나의 첫 인상은 아무래도 일시 착

시현상을 일으킨 것이 분명했다. 유럽에도 못생긴 여자가 수두룩하다. 뻐드렁니, 두꺼비 눈, 갈퀴코, 오뚝이 모양의 뚱보, 장대같이 키만 큰 앙상한 말라깽이 등등.

아드리안은 우리가 보는 앞에서 우선 춤을 어떻게 우아하게 추는가를 시범적으로 보여줬다. 무용하듯 팔을 날렵하게 움직이며 말이다. 폭스트롯, 블루스, 차차차, 맘보, 탱고, 비엔나 왈츠 등등.

그날부터 우리는 1주일에 한 번씩 교습소에 들러 폭스트롯과 왈츠를 배운답시고 열심히 추웠다. 나는 미국에서 생활할 때 춤을 추어봤기 때문에 전혀 못 추는 편은 아니었다. 그런데 선생님은 우리가 춤을 출 때마다 늘 충고의 말을 잊지 않았다. "몸에 풀을 먹였나 왜 그리 뻣뻣해. 어깨를 풀고, 동작은 가볍게, 유연하게. 이렇게. 알았어요." "네." "또 그래." "미안해요." 이번에는 그녀의 발을 밟았다. "아야." "아차, 제 잘못이에요."

요한 슈트라우스의 경쾌한 곡에 맞춰 아드리안과 왈츠를 출 때면 마치 우리 둘이 뮌헨 오페라 하우스의 관객들 앞에서 어느 오페레타의 최후의 장면을 성황리에 끝내어 열렬한 갈채를 받는 그런 과대망상에 빠진 기분이었다. 그게 한두 번이 아니었다. 요셉은 헬가와 함께 자주 춤을 추며 연습했다. 헬가는 우리보다 춤을 월등히 잘 추는 편이어서 오히려 우리를 교습할 정도였다. 특히 '차차차'를 추는데 멋져 보였다. 한 쌍의 보기 좋은 남녀 교습생. 헬가는 요셉을 은근히 좋아하는 눈치였다. 갑자기 그들의 관계가 궁금했다.

귀가 중 나는 친구의 속마음을 떠보느라 헬가에 관해 물었다.

"헬가 말인데, 너를 좋아하는 눈치더라."

"야, 웃기지마. 친구일 뿐이야." 요셉이 예민하게 반응했다.

"왜 그 이상은 아닌데? 얼굴이 마음에 안 든다고? 마음씨는 좋아 보이더라."

나는 짓궂게 굴었다.

"그녀와 나 사이, 친구 그 이상도 이하도 아냐."

"그거야 너 하기 나름 아니냐?" 나는 홍겨워 되물었다.

"그런데 너야말로 아까 헬가가 너에게 귓속말로 속삭이던데. 뭐가 있는 게 아냐?"

"아, 우리 둘을 오는 일요일 자기 집에 저녁 초대하겠대. 너에게도 얘기했다던데…… 맞아?"

"그래. 너는 무어라고 대답했어?"

"흔쾌히 수락했지, 뭐. 너는?"

"글쎄. 생각 좀 해보겠다고 그랬지. 나야 한 번 가서 식사대접을 받았거든. 또 간다는 게 아무래도…… 너야 처음이지만."

"그래서 안 갈 참인가? 나 혼자 가기엔 뭐한데……"

"혼자 가면 어때?"

"남의 호의를 무시하다니? 너야말로 도대체 분수가 있는 애냐? 그것도 정당한 사유가 있으면 모르되…… 잔말 말고 나랑 가는 거다. 알았냐?"

금요일 오후 늦게 강의가 끝난 후 나는 요셉과 마리아를 중국음식점에 초대했다. 그전부터 식사를 함께 하자고 약속해 놓고 차일피일 미뤄왔다. 독일의, 아마 유럽 전체가 다 마찬가지겠지만, 중국음식은 푸짐하지도 않거니와 매운맛도 없었다. 매운 음식이라면 아마 이 분야에선 우리나라가 선진국임을 자부해도 무방할 것 같았다. 인도네시아의 향토요리도 이에 버금가겠지만.

"마리아는 수학 잘한다고 소문이 자자하더라."

그녀는 수학을 전공했다.

"누가 그래요?"

"수학을 전공하는 친구가 있거든. 그 친구가 너에 대해 얘기하더라구. 이름은 아돌프 프란츠."

"아, 체구가 좀 뚱뚱한 그 친구?"

"그래. 너도 알아?"

"응. 메르체데스 컨버터블을 몰고 다니더군요."

"그래 맞아."

"그 친구 돈이 많나 보군." 요셉이 한입 가득한 채로 한마디 했다.

"입안에 음식 넣고 말하지 마." 마리아는 오빠에게 핀잔을 주었다.

"삼촌이 부자라나. 차도 그가 선물했다더라."

"너는 전공도 다른데 그를 어떻게 알아?" 요셉이 이젠 동생을 의식한 듯 음식을 목구멍으로 꿀꺽 넘기고 말했다.

"다양한 친구야 많지 뭐. 전공이 다들 달라서 좋아. 나까지 합해서 여섯 명이 서로 친하게 지내거든. 아돌프도 그 중 한 명이고."

"여섯 명의 패거리가 모여서 주로 뭘 하는데?"

"패거리? 주말에 한 번씩 만나 연극을 관람한다든지 미니 골프를 친다든지 또는 교외로 드라이브를 한다든지…… 뭐 그런 거지. 그때그때 상황에 따라 한 가지 오락을 택해 재미나게 놀다가 막판에 가서는 항상 단골 주점에 들러 한잔 마시며 잡담하다가 헤어지는 거지, 뭐."

"재미나겠다." 마리아가 맞장구쳤다.

"거기에 여자도 끼어있나?" 요셉이 호기심어린 눈으로 캐물었다.

"오빠는 그걸 말이라고 해. 여자 없이 무슨 재미가 있담." 마리아는 또 질책하듯 말했다.

"그건 그렇고. 마리아는 춤 안 배우나?"

"국가고시(Staatsexamen)를 준비해야 하기 때문에 여가 시간을 즐길 여유가 없어요. 따분하죠." 마리아는 한숨지으며 대답했다.

"그러다가 시집도 못 가겠다. 머리 좋은 여자란 말이다 남자 사귀는 재주가 없나 보더라. 설사 재주가 없더라도 노력은 아끼지 마라라. 공부와 출세도 중요하지만 사랑도 이에 못지않다. 명심해라."

요셉이 웃으며 끼어들었다.

"이봐, 악담 좀 작작해라."

"알았어요. 가이 오빠에게 시집 보내달라고 조르지 않을 테니 염려 말아요."

어느 날, 늦은 저녁, 테아티나 거리를 지나다가 문득 아드리안이 생각났다. 시계를 보니 밤 9시가 훨씬 지났다. 혹시나 하고 교습소에 전화를 걸었다. 이외로 "할로!" 하는 소리가 나를 맞이했다. 아드리안은 아직 잡일을 하느라 집에 가지 못했다는 것이다. 나는 포도주 한 병을 옆구리에 끼고 현관 벨을 눌렀다. 문을 당겨 열고 위층으로 올라갔다. 아드리안은 편지를 쓰고 있는 중이었다. 그녀는 편지를 다 쓰고 봉투에 넣어 봉한 뒤 말문을 열었다.

"늦은 시간에 어쩐 일이야?"

아드리안은 친근감을 표현함인지 진작 말을 놓기 시작했다.

"포도주 한 잔 마시고 단 둘이서 춤이나 출까 하고요."

댄스선생은 미소를 띠며 말했다.

"누가 돈 한 푼 받지 않고 별도로 춤을 가르쳐 준데? 교습시간 외에 말이다. 뻔뻔하군."

농담인줄 알면서도 나는 무안해서 얼굴이 빨개졌다.

"그럼 포도주나 마십시다."

아드리안은 나더러 부엌에 따놓은 병이 있으니 그걸 갖고 오라는 것이었다. 나는 반쯤 남은 포도주와 잔 두 개를 들고 와서 탁자 위에 놓고 그녀와 마주 앉아 술을 따랐다.

"누구한테 편지 쓰는 겁니까? 혹시 애인?"

"애인? 누구한테 편지 쓰든 가이씨가 웬 참견?"

"그냥. 물어보는 거예요." 나는 얼버무렸다.

"애인? 사랑? 믿지 마. 이 세상에 확실한 것은 아무 것도 없어. 어차피 참

사랑이란 동거를 하든, 결혼을 하든, 세월이 흐르면 언젠가는 사라지는 법. 그때부터 애정이 건성으로 변질하여 부부는 서로를 기만하며 살아간다니깐. 나도 젊을 때 사랑에 빠져 결혼했지만, 3년도 채 못 가서 헤어졌어. 어느 날 갑자기 더 이상 진정한 애정을 느낄 수 없었거든"

아드리안은 누구든 애당초부터 사랑에 대해 환상을 품어서는 안 된다는 자신의 솔직한 심정을 토로한 것일까.

"오늘은 무슨 춤을 추고 싶어?" 아드리안은 잔을 입술에 갖다 대며 말했다.

"글쎄. 라틴댄스 '룸바'나 '차차차'는 어때요."

아드리안은 잔을 비운 다음, 음악을 켜고 홀 한복판에 가서 시범을 보여줬다.

"이리 와. 남자는 가만히 서서 박자에 맞춰 스텝을 밟고 여자 파트너를 계속 그 자리에서 돌게 하란 말이야. 내 손을 잡아. 너도 가끔 돌기도 하고. 이렇게. 차차차. 돌리고 또 돌리고…… 밀고 당기고…… 또 밀고 또 돌리고. 어때?"

"신나는데요."

"이젠 좀 더 격렬한 댄스는 어때?"

음악이 갑자기 강렬한 비트로 바뀌어 귓전을 때렸다. 나는 박자에 맞춰 그녀와 하나가 되어 때론 부드럽게, 때론 강렬하게 몸을 흔들어댔다. 그녀의 허리를 낚아채기도 하고 놓기도 하고…… 어떤 때는 아드리안이 스스로 몸을 뒤로 굽히는 바람에 나는 놓칠까봐 그녀의 허리를 꽉 잡기도 했다. 파격적인 스포츠댄스! 나는 모든 것을 잊을 수 있었다. 타국의 외로움도 고향의 그리움도 학문의 갈등도……

그때 현관 벨소리가 울렸다.

"또 어떤 불청객이 이 밤중에 찾아오나? 아드리안이 투덜대며 문을 열어주었다. 요셉이 방해꾼처럼 불쑥 들어섰다.

"아, 요셉, 어서 와라. 마침 가이가 와 있어."

그녀의 얼굴에는 금세 희색이 돌기 시작했다.

"이봐, 한창 재미나게 춤추는데 왜 불쑥 나타나서 야단이야? 너, 훼방꾼 아냐?" 나는 소리쳤다.

"네가 와 있는 줄 알았거든. 너, 춤꾼 다 됐구나." 요셉은 껄껄대고 웃었다. 마치 자신의 심술궂은 돌발출현이 성공이라도 한듯 말이다.

"잘 왔다, 요셉. 우리 남은 포도주마저 비우고 밖으로 나가자." 아드리안이 재촉했다.

"지나다가 불이 켜져 있어서……" 요셉은 멋쩍은 듯 변명하며 소파에 털썩 주저앉았다.

나는 내가 가져온 포도주의 코르크를 뽑은 뒤 잔에 따랐다. 아드리안은 부엌에서 이탈리아 살라미와 햄이 섞인 샌드위치를 담은 접시를 가져와서 탁자 위에 놓고 앉았다. 요셉과 나는 배가 출출해서 접시에 담긴 샌드위치를 다 먹어치웠다.

독일인은 저녁을 보통 6시경에 먹되 그것도 간단한 냉육 요리로 저녁 한 끼를 때우기 일쑤이다. 그러니까 독일에서는 점심이 정찬임으로 우리 같은 외국인으로서는 밤 9시가 되면 벌써 뱃속에서 쪼르륵 소리가 나기 시작한다. 저녁에 정찬(한국, 미국지역 등등처럼)을 하면 건강에 해롭다는 게 그들의 이의 있는 주장이다. 살이 찐다는 주석도 곁들인다. 이럴 때에 반어란 용어를 써도 되는지 모르겠다. 비대한 독일인도 많다는 것을 지적하고 싶어서다. 남자는 아마 맥주 탓이고, 여자는 삶은 감자 탓일 게다. 나는 반대로 밤에 배가 고프면 쉽게 잠을 이룰 수가 없었다. 그래서 늘 하드 살라미를 여러 개 사서 놓아두고 허기를 느끼면 몇 조각 잘라서 오징어 씹어 먹듯이 꾸역꾸역 씹어 먹곤 했다. 그러나 나이 들고 보니 '네가 먹는 음식이 바로 네가 된다.'라는 말대로 독일인의 식이요법이 옳은 것 같았다. 석찬 때의 과식은 질병의 원인이다.

아드리안은 우리가 샌드위치로 허기진 배를 채우는 것을 보고 웃으며, 자기를 보러 온 것이 아니라 거지같이 밥 얻어먹으러 왔느냐고 놀려댔다. 우리도 멋쩍어 함께 웃었다. 아드리안은 비록 인습에 구애받지 않고 초현대적 결혼관과 애정관을 견지했음에도 혼자 외롭게 살아왔음이 분명했다. 10년짜리 사랑, 5년짜리 사랑, 아니 3년짜리 사랑인들 어떠랴? 그 유효기간 동안만이라도 참된 애정을 느낄 수 있고, 진솔한 관계를 즐길 수 있다면 그것 하나만으로도 존재의 가치를 깨닫게 되고 살 보람이 있지 않을까. 그런 사랑의 진실 앞에선 역시 일체의 기존 가치관이 송두리째 무너질 수밖에 없으리라. 아드리안은 계열 속의 자기 개체를 중시했다.

외동딸 헬가는 부모와 함께 공동주택의 맨 꼭대기 층에 살고 있었다. 칠이 벗겨지고 많이 낡은 5층 건물이었다. 나는 별로 내키지 않은 요셉을 억지로 끌고 갔다. 낡은 나무계단을 밟고 꼭대기까지 올라가니 숨도 가쁘거니와 삐걱삐걱 소리도 났다. 3인 가족은 우리를 옛 친구처럼 반겼다. 요리 냄새가 작은 거실 안에 가득했다. 거실과 작은 방 두 개. 실내 장식이 어쩐지 초라했다. 그러나 특히 눈길을 끈 것은 벽에 걸려있는 치터(키타라) 악기였다. 영화 「제3의 사나이」의 서막을 여는 서정적 배경음악이 생각났다. 저녁요리는 헝가리 식 굴라쉬(일종의 쇠고기스튜)였다. 나는 스튜를 밥에 얹어 그런 대로 맛있게 먹었다. 이에 포도주도 곁들여 마셨다. 어머니는 평범한 가정주부였고, 아버지는 손마디가 거칠고 굵은 것을 보니 공장이나 공사장에서 막일을 하며 생계를 꾸려 가는 것이 아닌가 싶었다. 부는 오만을, 빈은 겸손을 잉태하거늘, 후자로부터 어찌 또 친절을 떼어놓을 수 있으랴. 가족의 말씨나 행동 하나 하나가 겸손하고 친절했다.

나는 가족 중에 누가 치터를 들려줄 수 있느냐고 물었다. 헬가는 아버지가 적임자라며, 연주솜씨가 대단하다고 자랑했다. 아버지는 벽에 걸어놓은 악기를 들고 와서 손가락 끝으로 줄을 튕기며 연주하기 시작했다. 악기 크기는 우리나라 가야금보다 작지만 현악기의 하나란 점에서는 비슷했다. 굵은 손가락은 가느다란 현에 어울리지 않지만 손끝의 움직임이 경쾌하고 빨랐다. 음악은 오스트리아 민요처럼 들렸다. 치터 음악은 집안을 따스하게 해주는 화덕처럼 화기애애한 분위기를 자아냈다. 가난은 결코 불행을 의미하는 것만은 아니다. 그것이 더더욱 남에게 겸손과 친절을 베풀어주는 바탕이 된다면 말이다. 헬가 가족도 어느 가족 못지않게 취미를 갖고 생활의 여유를 즐겼다. 그것도 행복하게. 얼마나 다행인가.

치터 음악을 신나게 듣고 있는데, 아드리안에게서 전화가 걸려왔다. 마침 그때가 「10월제」라 식사가 끝나는 대로 축제장소인 테레지엔 초원으로 오라는 것이었다. 맙소사! 그곳에는 이 시각에 구경꾼과 주당(酒黨)들이 맥주를 마셔대고 노래하며 끊임없이 이합집산을 거듭할 텐데, 도대체 어디서 만나자는 거냐. 나는 한탄했다.

"30분 후에 성 바울로 기숙사 앞에서 만나자고 말해." 드디어 요셉이 제안했다.

테레지엔 초원은 성 바울로 기숙사에서 도보로 5분 거리였다. 헬가는 그렇게 전하고 부엌으로 향했다. 그리고 후식이 끝나기 무섭게 요셉과 나는 일어서서 초대에 감사하다는 인사와 함께 집을 서둘러 나섰다. 헬가도 뒤따라 나왔다.

「10월제」는 맥주와 춤과 노래로 홍청대는 뮌헨의 최대 축제이다. 나는 인파 속에 파묻혀 어슬렁어슬렁 거닐었다. 아드리안, 헬가 그리고 요셉은 인파 속에 휩쓸려 길을 잃고 서로 찾아 헤매지 않기 위해 다정하게 서로 팔짱을 끼고 뒤따라왔다. 나는 사격대에 멈춰 서서 총을 쏘았다. 여러 번 빗나갔다. 그러나 한 번은 흑점을 맞혔다. 그리고 또 한번 명중했다. 인형과 테디 베어를 과녁 명중의 대가로 하나씩 받았다. 인형은 헬가에게, 장난감 곰은 아드리안에게 주었다. 놀이기구들 앞에 운집한 관중이 한 늘씬한 몸매의 젊은 여자가 매트 위에서 묘기를 부리는 장면을 보고 함성을 질렀다. 날렵하게 공중제비를 넘듯 높이 솟아올라 거꾸로 한 바퀴 돌아서 떨어졌다. 날아오르는 순간 그녀의 치마가 사방으로 날려 속옷이 훤히 들여다보였다. 나는 함성 아닌 환성을 질렀다. "정말 멋지다!" 입을 다물 수가 없었다.

"입 벌리고 무얼 봐!" 아드리안이 소리쳤다.

나는 갑자기 현기증이 나서 아무 데나 주저앉아 좀 쉬고 싶었다. 우리는 얼마 동안 헤매다가 드디어 다른 손님들이 이미 차지한 긴 식탁의 빈자리를 찾아 앉았다. 소시지와 생선 굽는 냄새가 진동을 했다. 특히 한데에서 불을 피워 마치 야외 바비큐 굽듯이 지글지글 청어 굽는 냄새가 코를 찔렀다. 또 새파란 연기는 바람에 흩날려 우리 쪽으로 구름 떼처럼 마구 밀려왔다. 게다가 우리 옆에 앉아 있는 손님들이 생맥주 소모량이 증가함에 따라 남이야 뭐라고 하든 아랑곳하지 않고 왁자그르르하게 떠들어댔다. 우리는 대화를 해도 알아들을 수가 없어 겨우 얼굴표정과 몸짓으로 의사소통을 할 수밖에 없었다. 우선 웨이트리스에게 손짓을 하여 생맥주 두 조끼를 시켰다. 한 조끼는 요셉과 헬가가, 또 한 조끼는 나와 아드리안이 나눠 마셨다. 나눠 마시는 이유는 두 여자가 맥주를 꺼려했기 때문이다. 나는 피에로 얼굴표정을 지으며 내 말뜻을 전하고자 했다. 그러나 모두들 못 알아듣겠다는 제스처를 쓰며 어깨를 으쓱했다.

나는 목청껏 소리 질렀다. "'유령의 집'으로 가자꾸나.' '유령의 집'을 구경하자꾸나."

아드리안과 헬가는 내가 미친 듯이 소리 지르는 것을 보고 웃었다.

"무얼 믿고 너하고 저 어두컴컴한 미로의 마굴 속으로 들어가. 다시는 못 빠져 나오게." 아드리안이 미심쩍은 얼굴로 말했다.

"누가 알아. 가이 자신이 음흉한 유령으로 돌변할지." 요셉이 소리치며 한마디 거들었다.

우리는 가위 바위 보로 승부를 걸어 이긴 자에게 누구하고 그리고 무엇을 구경하느냐에 대한 결정권을 주기로 합의했다. 결과는 헬가와 요셉은 놀이동산에서 '환상특급' 롤러코스터를 타러 가기로, 아드리안과 나는 '유령의 집'으로 구경 가기로 결정되었다. 1시간 후에 이곳에서 다시 만나자고 약속하고 우리는 두 갈래로 헤어졌다. "유령의 집" 앞에서 나는 조금 전과 달리 낮은 목소리로 속삭였다.

"심장마비로 꽥하고 쓰러지면 어떡해, 아드리안?"

"겁쟁이. 내 손 꼭 잡아."

그러나 먼저 내 손을 잡은 이는 아드리안이었다.

마굴 안은 진짜 으스름하고 으슥했다. 그리고 여기저기서 기괴한 소리도 났다. 갑자기 창문이 열리더니 마귀가 나타났다. 붉은 혓바닥을 쑥 내밀고 히히거리며 웃었다. 우리는 기겁하고 달아났다. 다음에는 해골동산이 나타났다. 사과나무에 해골박이 주렁주렁 달려 있었다. 해골박은 바나나(음경처럼 생겼다)로 변했다가 꽃양배추(음부처럼 생겼다)로 변했다가 다시 제 모습으로 되돌아가는 요술을 부렸다.

한 쌍의 실루엣이 서로 애무하는 장면이 흐릿하게 눈에 들어왔다. 여기가 무슨 유곽이냐? 나는 스스로에게 물었다. 우리는 그곳을 급히 빠져 나와 미로의 출구를 찾다가 가짜강가에 이르렀다. 깊고 검푸른 가짜 강물에 불빛(천상의 등불?)이 희미하게나마 비쳤다. 강 한가운데에서 갑자기 분수가 솟아올라와 물줄기를 뿜어댔다. 마치 악마가 오줌 누는 듯이 말이다. 그것도 기이한 음악의 율동에 맞추어가며…… 우리는 최면술, 아니 마술에 걸린 듯 우두커니 서 있었다.

"저건 무슨 강?" 나는 혼잣말하듯 했다.

"망각의 강, 삼도내, 레테, 아케론, 좋을 대로 생각하쇼." 아드리안이 속삭였다.

"강 저편에는?"

"우리가 지금 연옥을 거쳐서 지옥에 와 있으니 저편은 다시 이승일 게다."

아드리안이 태연히 말했다.

우리는 다리를 건넜다. 다리난간에 사과와 오렌지가 담긴 바구니가 걸려 있었다. 가짜과일인가 진짜과일인가. 영계(靈界)로 가는 여로인가 이승으로 되돌아가는 여로인가? 우리는 마침 어슴푸레한 출구 표시등이 켜져 있는 출구를 찾아 어둑한 계단으로 올라갔다. 출구는 다시 이승의 길로 인도했다. 이승과 지옥을 넘나들었으니 이제 갈 곳이라곤 천국뿐이라고 나는 생각했다.

약속 장소에 갔으나 헬가와 요셉은 없었다. 그들의 그림자도 안 보였다. 우리를 남겨두고 일부러 둘이서 짜고 줄행랑친 것은 아닐까. 아드리안은 피곤한데도 나를 혼자 보내기가 그런지 자기 차로 집까지 데려다주겠다고 했다. 나는 반대 방향이란 이유로 사양했다. 사실인즉 나는 밤늦게 전차 타기를 좋아했다. 늦은 밤 시간대는 차량 객실마다 거의 비어 있을 때가 많았다. 그래서 전차는 나만을 위해 오고 나만을 태우고 어느 미지의 나라로 떠나는 게 아닌가, 하는 상념에 빠져들곤 했다. 유럽은 전차가 다녀서 참 좋다. 공해도 유발하지 않고 향수와 낭만을 불러일으키고…… 그리고 선대가 남긴 유산은 우리의 기억을 간직해주는 유일한 담보인데 말이다.

「사육제 Fasching」

우리 여섯 친구는 주말이면 어김없이 한자리에 모였다. 뮌헨의 단골 「한호프」 주점에서. 독일 친구 네 명, 인도 친구 한 명, 그리고 나. 나를 제외한 다섯 친구는 제각기 개성 있는 학생이었다. 게다가 전공도 달랐다. 문학 전공은 나 하나뿐이었고, 스와니는 공학을, 귄터와 헤르만은 의학을, 볼프강은 법학을, 아돌프는 수학을 전공했다. 독일인은 4명, 외국인은 나까지 포함해서 2명이었다. 스와니와 나.

스와니는 인도 태생으로 이미 공학 디플롬 학위를 받고 뮌헨 「지멘스」 회사에 다니는 직장인이었다. 구루 같은 현인의 아들인 양 그는 인류의 종말론에서 스스로를 구원해 낼 수 있다고 믿는 마치 점술가다운 예언을 하여 우리를 가끔 놀라게 했다. 실제로 구원을 받기 위해 불타의 나라를 찾아가서 재산을 몽땅 바치고 선(禪)에 심취하는 서구인도 많았다. 미래는 과연 밝아 보였다. 그건 그렇고, 이 다섯 친구들로 말미암아 나는 한층 풍요로운 유학시절을 보내며 생활했다. 무엇보다도 '뿌리'에 대한 그리움도 접은 채 생활의 즐거움을 느꼈다. 비록 휴가철에 혼자 있을 때면, 가끔 외로움을 느끼기도 했지만. 먼 훗날에 - 그러니까 이 시점부터 먼 훗날의 일이 되겠지만 - 독일 친구들과의 우정 어린 관계를 되새겨 볼 기회가 있을 성싶었다. 물론 이 다섯 친구 외에 사귀던 친구는 여럿 더 있었다. 롤프 코페가 그 중 한 명이었다. 당시 하이델베르크 대학에 다녔을 때 사귀었던 친구로서 그의 전공은 신학이었다. 뮌헨으로 옮긴 후에도 서로 소식을 전하다가 언제인가 갑자기 연락이 뚝 끊어졌다. 그로부터 30년이 훨씬 지난 후 그는 성공회 신부로서 크리스천사이언스 주최로 서울에서 열린 국제종교회의 참석 차 처음 한국을 방문할 때 나를 찾았으나 허탕을 쳤었고, 두 번째 방문 때는 한국동료신부에게 부탁하여 한국독어독문학회 교수 명단을 뒤져 겨우 나의 이름(그 오랜 세월 동안 나의 한국이름을 정확히 기억하고 있었다니 놀라울 따름이었다)을 찾아내어 연락이 닿았다며 기뻐했다. 실로 예기치 못한 반가운 재회였다.

계절의 순환처럼 어느 덧 구년은 가고 신년이 들어서자 우리 여섯 친구는 어김없이 또다시 한자리에 모였다. 신년 들어 첫 번째 모임이었다. 이번엔 헤르만의 애인 릴로 - 그녀도 의학도였다 -와 볼프강의 여자친구 크리스티네가 동석했다. 우리는 언제나처럼 같은 자리에 앉았다. 웨이트리스가 차림표를 가져왔다. 각자 원하는 포도주를 주문했다. 나는 릴로가 내 바로 옆에 앉아 있기에 신년축하 차 키스하고 좀 거리를 두고 앉아 있는 크리스티네에게는 목례했다.

볼프강은 여자에 관한 한 일가견이 있는 친구였다. 그는 여자친구를 자주 갈아 치우는 버릇이 있었다. 카사노바가 따로 없었다. 크리스티네와의 관계는 그래도 꽤 오래 지속되는 편이었다. 두 사람은 일정한 관계를 유지하되 암암리에 서로 불간섭 원칙을 정해 놓고 있지 않나 싶었다. 반면에 헤르만과 릴로는 남이 부러워할 정도로 서로의 사랑을 확인한 터라, 처음 사귈 때부터 결혼을 약속하고 동거생활에 들어갔다. 한데 아드리안이 말한 것처럼 영원한 것은 아무 것도 없었다. 제행무상! 그들은 졸업 후 결혼했지만 얼마 안 가서 헤어졌다. 세계 기록은 깨기 위해 존재하듯 결혼도 이혼을 위해, 삶도 죽음을 위해 존재하느니. 이유야 어찌됐든 한때 뜨거웠던 애정도 언젠가 식어 없어지기 마련이었다.

볼프강이 프랑스 담배 골와즈를 꺼내어 피우기 시작했다. 이 친구는 골와즈나 지탕을 즐겨 피웠다. 골와즈는 담뱃갑이 파랑색이었고, 지탕은 파랑색과 노랑색 두 가지였다. 언젠가 볼프강이 이 담배를 권하기에 나도 한 번 피워봤다. 시가처럼 냄새가 독하고 고약하지만 맛은 특이했다. 그때부터 나는 가끔 파랑 골와즈나 노랑 지탕을 피우곤 했다. 언젠가 비행기 안에서 골와즈를 피웠다. 스튜어드가 내 자리에 와서 시가를 피우시냐고 물었다. 나는 아니라고 대답했다. 그는 냄새가 너무 독하니 삼갔으면 좋겠다는 암시를 줬다. 볼프강은 짓궂게 두 여자의 안면을 향해 연기를 내뿜었다.

"볼프강, 그만 두지 못해!"

릴로가 눈살을 찌푸리며 손을 저으며 연기를 분산시켰다.

"너희들은 언제 결혼하냐, 헤르만?" 권터가 물었다.

그는 주체성이 강한 특출한 학생에다 보수적 성향을 띤 친구였다. 성격도 내향형이었다.

"공부가 끝나는 대로. 안 그래, 릴로?" 헤르만은 릴로를 끌어안으면서 말했다.

릴로는 방긋 웃기만 했다.

"기대된다. 잔칫날이 계속 이어질 모양이네. 졸업 잔치, 결혼잔치 등등." 성격이 호탕한 외향형 아돌프가 끼어들었다.

"권터, 너, 여자친구 잉게는 왜 안 데리고 왔어?" 볼프강이 물었다.

"오늘 야근이래." 권터가 짤막하게 대꾸했다.

그의 여자친구 잉게는 간호사였다.

"헤르만과 릴로, 너희들 말이지 결혼은 왜 하겠다는 건데? 그냥 여태껏 하던 대로 함께 살면 되잖아? 권태기에 접어들면 헤어지고…… 설사 갈라서더라도 번거로운 이혼절차도 필요 없고…… 수백 년 전에 이미 괴테도 혼전 동거를 선호했었고, 루소도 하녀와 오랫동안 동거하면서 사생아 다섯을 낳아 전부 기아원(棄兒院)에 내다버렸던 위선자 아니던가. 저 유명한 작품 『에밀』을 썼다고 누가 믿겠나?" 부부의 개념은 신생대(新生代)부터 오늘날까지 일고의 가치도 없는 언어유희에 불과할 뿐이야. 성삼위 중 제2위격도 동정녀의 몸에서 태어났다고 억지 주장하니 우리들 가운데 적출자냐 사생아냐 고아냐를 따지는 그 자체도 우스꽝스런 인간 희극 아니냐." 초현대적 사고방식을 견지하는 스와니의 조언이었다.

우리는 다른 친구들에겐 이름을 부르는 반면 유독 이 친구한테만은 성(姓)을 부르는 게 예사였다. 실은 이름은 베라이. 베라이 스와니. 그 까닭은 아마 이름보다 성이 구루 후손 같은 냄새가 풍기기 때문이 아닌가 싶었다.

"과연 현인다운 말씀이로군." 헤르만이 탄식했다.

"강박관념에 사로잡힌 현대인의 광기 어린 주장일 뿐이야." 권터는 스와니의 주장을 일축했다.

"광기라면 자기 내면세계서 찾아내어 천재성을 발휘하는 것이고, 이게 바로 평범함과 다른 비범함을 드러내는 것이란다." 이번엔 내가 끼어들었다.

"디오니소스 광기라면 마땅히 술에서 찾아야지." 아돌프가 외쳤다.

잠시 후 크리스티네가 웃으면서 선언했다. 마치 새로운 뉴스거리가 되는 것처럼.

"아돌프는 술에 취하면 침실의 세면기에다 방뇨한다더라."

"지저분하구만, 아돌프." 릴로가 꾸짖듯 눈살을 찌푸렸다.

"릴로, 내기할까? 부득이한 사정이 있을 때면 헤르만도 분명히 세면기에 남근을 갖다 대고 오줌을 찍 깔기 댈걸(모두 웃음). 만취상태에서 복도에 나가서 화장실로 간다. 소변을 보고 다시 방으로 돌아온다. 얼마나 쓸데없는 시간낭비며, 귀찮은 일인가. 세면기에 소변을 보나 변기에 소변을 보나 하수구로 빠져나가기는 매일반인데 왜들 난리야?"

"그래도 그렇지. 생리현상을 방 안에서 해결하면 그 냄새는 다 어디로 가냐? 미개인도 아니고." 귄터가 반박했다.

"냄새야 곧 없어질 테지 뭐. 뭔 걱정?" 볼프강이 아돌프의 주장에 동조하고 나섰다.

"그럼 다수결로 판가름내자." 내가 제의했다.

각자의 의사를 물어 본 결과 릴로, 크리스티네, 귄터 그리고 나는 반대였고, 아돌프, 볼프강, 헤르만 그리고 스와니는 찬성이었다. 그래서 4대4 동수로 무승부가 되었다. 우리 모두 한바탕 웃고 디오니소스 광기를 위해 건배했다. 실은 나도 반대는 했지만 술을 마시고 기숙사로 돌아오면 복도 맨 끝에 딸린 화장실에 가기 싫어 가끔 방 안의 세면기에다 소변을 흘러 보내기도 했다. 술이 뒤섞인 소변에서 약간의 역겨운 냄새가 나기도 했으나. 내 소변이라 그런지 별로 신경 쓰이지 않았다.

"언제 우리 모두 로젠하임으로 놀러가자. 어때, 헤르만?" 아돌프가 제안했다.

"내년쯤 졸업도 할 테니 자축하는 의미에서 너희들 전부 내 고향집에 초대할게. 환영이고말고." 헤르만이 기꺼이 응했다.

"요트도 타 보고 경비행기를 타고 창공을 날아보기도 하고 말이다." 나는 덧붙였다.

로젠하임은 헤르만이 태어난 곳이었다. 한때 이탈리아로 통하는 교역통로의 상업중심지였다. 뮌헨에서 동남쪽으로 자동차로 한 시간 남짓 가다보면 한산한 소도시의 풍경이 시야에 들어온다. 주변에는 남부독일에서 아마 두 번째 큰 호수(제일 큰 호수는 스위스 국경과 접해 있는 보던제) 킴제가 있다. 호수 한복판에 섬이 세 개 있는데 한 섬엔 779년에 세워진 베네딕트 수녀원이 외롭게 자리 잡고 있으며, 또 한 섬엔 옛 수도원의 잔재(殘在)와 루드비히 II세를 위해 베르사유궁을 그대로 본뜬 궁전이 멋진 위용을 뽐내며 지주(地主)처럼 그 자리를 지키고 있다. 훗날 나는 아돌프의 메르체데스 스포츠카를 타고 이 호수의 성(城)과 이와 반대방향인 서남부에 위치한 신낭만주의 양식의 노이슈반슈타인 성을 함께 둘러볼 기회가 있었다. 노이슈반슈타인은 동화 속에서나 볼 수 있는 그런 꿈의 성이다. 헤르만의 부친은 양조업으로 요트는 물론, 경비행기까지 보유할 정도로 부를 축척했다고 들었다.

"로젠하임 방문은 방문이고, 그보다 우선 카니발이 곧 닥쳐오는데 무슨 계획이라도?" 볼프강이 화제를 바꾸며 물었다.

"귄터, 스와니 그리고 나, 우리 셋이서 벌써 묘안을 짜 놓았어." 내가 대신 답했다.

"묘안이라니?" 크리스티네가 호기심어린 눈으로 물었다.

"사육제는 그리스-로마의 주신제와 비교되며, 오늘날에 비밀히 행해지는 난교(亂交) 파티로 발전했다고 봐야 해. 낱말 'carnival'은 'carnal'(육감[욕]적인)과 어원이 비슷하기 때문에 내 생각으론 어떤 형태로든 육(肉: 육욕 혹은 육체성)과 관련이 있지 않나 싶어." 나는 카니발의 어원(carne vale 혹은 carnem levare: 육식 금지)과

별도로 내 나름대로 풀이해 봤다. 그런데 멋진 풀이 아닌가.

"난교파티? 난교파티로 카니발의 대미를 장식하며 놀아보자는 건가? 벌써 흥분되네." 볼프강이 분위기를 돋우었다.

"숙녀 앞에서 못하는 소리가 없군." 헤르만이 일갈했다.

"완전 타락하셨군." 릴로가 (비)웃었다.

"남녀 간의 교제라? 좋지. 그럼 여자가 많이 모이는 데로 가야겠군." 아돌프가 말했다.

"그거야 기본이지." 볼프강이 대꾸했다.

"각자 자기 여자친구를 데려오면 되잖아?" 릴로가 못마땅하게 여겨 이의를 제기했다.

"내 여자친구는 프랑크푸르트에 있는데, 내려오라고 할 수도 없고…… 어쩌나?" 아돌프가 하소연하듯 말했다.

"걱정 마, 아돌프. 여자 하나 소개해 줄게." 권터는 약속이나 하듯 단언했다.

"파트너 없는 친구 또 있나? 스와니? 가이? 크리스티네를 누가 맡아주라! 나는 다른 여자를 데리고 오마." 볼프강이 태연자약하며 말했다.

"볼프강! 제 정신이니?" 크리스티네가 혀를 찼다.

"뭐 어때? 서로 다 잘 아는 사이인데." 하면서 볼프강이 아무렇지도 않다는 듯 어깨를 으쓱했다.

"크리스티네를 맡을 사람은 아무도 없거든, 볼프강, 너 말고는. 스와니는 약혼녀를, 가이는 같은 학과 친구 메히트힐트를 데리고 올 테니까." 권터가 대신 대답했다.

"크리스티네는 내가 에스코트할 테니 염려 마라. 그나저나 장소는 어디로 정한 거야? 축제 기간에는 하루가 멀다고 매일 파티가 벌어질 텐데……" 아돌프가 호기심어린 눈빛으로 물었다.

"시간과 장소는 추후 알려줄게. 적어도 하룻저녁에 두세 군데는 돌아다녀야 되지 않겠어? 먼저 가이 숙소 '성 베네딕트 기숙사'에서 한바탕 법석대며 놀고, 그 다음은 「사계절 호텔」이나 「바이에른 호프」로 장소를 옮겨 주연(酒宴)을 이어갈 참인데. 어때?" 귄터가 설명했다.

"구미가 당기는데." 아돌프가 음흉한 웃음을 지었다.

뮌헨에선 「10월제」에 이어 「사육제」가 연 중 두 번째로 큰 축제다. 나는 이런 연례행사들에 매년 마지못해 피동적으로 참여했지만 추억거리가 될 만한 일들을 경험해 본 적이 별로 없었다. 이번만큼은 수동적인 관찰자가 아닌 능동적이고 적극적인 참여의식을 갖고 신나게 마시고 춤추며 놀아볼 참이었다. 독일에서 술은 연애와 공부 못지않게 대학생활의 중요한 일면을 차지하고 있었다. 그렇다고 학생이 공부를 소홀히 하여 자기 본분을 망각하는 것은 결코 아니었다. '술-연애-공부'라는 삼각관계, 즉 삼위일체는 예로부터 이뤄져 내려온 대학전통에 속하며, 혈기 완성한 젊은이들의 삶을 풍요롭게 하는 요건이었다.

몇 주 후 문제의 축제날이 다가왔다.

나는 저녁 7시경에 우리 기숙사 지하실로 바로 내려갔다. 지하실은 바가 딸린 제법 큰 홀이었다. 저녁 7시가 조금 지나서 친구들이 기숙사 지하실로 우르르 몰려들었다. 볼프강은 악마로, 헤르만은 기사(騎士)로 가장(假裝)하고, 릴로와 크리스티네는 제각기 서로 대비되는 마녀와 공주의 가면을 쓰고 등장했다. 더구나 그에 어울리는 옷차림을 하고서 말이다. 두 여자는 눈과 입만 드러내놓고 있어 잘 알아볼 수가 없었다. 모두 다 원탁에 빙 둘러앉았다. 귄터는 약속대로 제 여자친구 잉게와 그녀의 친구 힐데를 데리고 왔다. 아돌프는 힐데 옆에 바짝 다가앉아 계속 수군거리고 있었다. 스와니도 약혼녀 세실리아를 데리고 왔다. 둘은 고향친구이며, 오래 전부터 결혼을 약속한 사이였다. 그녀는 피부가 꽤 검은 편에다가 얼굴에 유달리 윤이 흘렀다. 홀은 은밀한 분위기가 감돌았고, 여기에 어슴푸레한 불빛도 한몫했다. 또 그런 분위기에 걸맞게 조용하고 감미로운 음악이 흘러나왔다.

"가이, 니 친구는 어디 있어? 메히트힐트 말이야?" 볼프강이 비아냥거리는 투로 말했다.

"글쎄, 바쁘대. 교생 실습에 나가느라 아마 바쁜가 봐."

그녀가 국가시험에 합격하여 독일어 교사 발령을 받았다는 소식을 들었기에 나는 바쁘다는 구실을 언뜻 생각해 냈던 것이다.

"가엾은 마터 돌로로자(Mater dolorosa)!" 아돌프가 낮은 소리로 부르짖었다.

"너도 한 명 더 데리고 온다더니 어떻게 됐어?" 나는 의심스러운 눈초리로 물었다.

"웬 관심? 태양이 다시 뜰 때까지는 나타나겠지, 뭐."

그 미지의 여인이 나타나든 아니든 볼프강은 별로 신경 쓰지 않았다.

나는 바 스탠드에 가서 맥주와 포도주를 가져왔다. 우리는 어슴푸레한 불빛아래서 껄껄대며 재밌게 얘기할 때면 상대방의 입만 쳐다봤다. 특히 크리티네와 릴로는 말할 때나 웃을 때나 빨간 입술과 이빨만이 뚜렷이 보였다. 우리는 각자 원하는 술을 따르고 건배했다.

헤르만과 아돌프는 잉게와 힐데를 에워싸고 앉아 그들과 짓궂은 농담을 주고받으며 웃어댔다. 귄터는 두 친구에게 숙녀를 함부로 대하지 말라고 주의를 주었다. 그러나 그들은 그의 말에 아랑곳하지 않았다. 그것은 어차피 싱겁게 들리는 허튼 소리, 허언(虛言)에 지나지 않았기 때문이다. 오늘 같은 날에 숙녀 행세를 하려면 집구석에 틀어 박혀 있는 게 낫다고 헤르만이 친절히 충고까지 곁들였다. 기숙생과 손님들이 점점 몰려들자, 잔잔하고 영롱한 곡은 록 음악처럼 경쾌한 메탈 곡으로 바뀌었다. 그것도 빠른 템포로 울러 퍼졌다. 음악과 함께 실내의 특별 조명도 깜박이며 흥을 북돋웠다. 남녀 몇 쌍이 홀 중앙으로 나가 파트너를 서로 바꿔가며 록 리듬에 맞춰 엉덩이를 신나게 흔들어댔다.

헤르만은 잉게의 손을, 아돌프는 힐데의 손을 잡고 홀 한가운데로 갔다. 그들은 연인처럼 껴안고 신나게 춤을 추었다. 나는 볼프강에게 접근하여 싱겁게 한마디 던졌다.

"야, 볼프강, 니 여자 좀 챙겨라!"

"내 여자 어디 있어, 이 날강도야?"

"낯선 남자의 품에 안겨 있어."

"그래서?"

"그래서라니? 자기 여자 잘 챙기라는 거지."

"오늘만큼은 '내 여자', '니 여자' 따지지 말자."

"알았어."

나도 흥이 나서 스와니의 약혼녀와 한창 얘기 중이던 릴로를 일으켜서 구석진 데로 끌고 가서 거의 움직이지 않고 춤을 추다가 그녀를 벽에 밀어붙이고 얼굴과 목에 키스했다. 그녀가 무언가 말을 하려고 입을 벌릴 때 나는 - 헤르만이 보든 말든 - 잽싸게 혀를 깊숙이 집어넣었다. 그러나 가면 쓴 그녀를 누가 제대로 알아봤겠는가. 조명이 약간씩 밝아지는 느낌이었다. 우리는 포옹에서 벗어나서 킬킬거리며 웃었다.

음악이 끝나자, 마이크를 통해 중간휴식을 알렸다. 조명도 좀 더 밝아졌다. 홀 중앙에서 춤추던 무리는 모두 따로따로 흩어져 제자리로 돌아갔다. 나는 릴로를 데리고 친구들이 앉았던 둥근 테이블로 갔다. 그 자리에 볼프강과 한 낯선 여자가 앉아 있었다. 다른 친구들은 눈에 띄지 않았다. 릴로는 헤르만을 찾으러 간다며 어디론가 사라졌다.

"모두 다 어디로 사라졌어, 볼프강?"

나는 의자를 끌어당기고 그 낯선 여자와 마주보고 앉았다. 아뿔싸, 그 미지의 여인인가?

볼프강은 낯선 여자와 나를 가리키며 말했다.

"서로들 초면일 테니 인사나 나눠라."

"가이."

"사바나."

"사바나는 홍콩계 미국인이야." 볼프강이 덧붙였다.

"응. 반가워." 사바나는 미소 지으며 손을 내밀었다.

"사비나가 아니고 사바나? 좋은 이름이군. 열대지방의 관목림의 초원이란 뜻도 되겠는데."

"미국 조지아 주(州)의 한 도시이름 같기도 하고. 사실 사바나는 이름이 아니고 성이야. 하지만 나는 이 이름에서 느껴지는 어감이 더 좋아. 내 진짜이름은 너무 평범해서."

그녀의 언행에서 야성미가 풍겨났다.

"진짜 이름은 뭔데?"

"셰릴. 셰릴 사바나."

"예쁜 이름인데, 뭘. 전혀 평범하지 않아."

나는 악수한답시고 잡은 그녀의 손을 한동안 놓지 않았다. 그녀를 자세히 살펴보니 외모가 약간 중국여자와 비슷했다. 유난히 짙은 화장 탓에 생김새를 가늠하기는 어렵지만, 얼굴이 불빛 때문인지 화장 때문인지 약간 구릿빛으로 그을려 보였다. 혼혈아인지도 모르겠구먼.

나는 그녀의 손을 놓아주면서 물었다.

"그럼 미국에서 태어났겠군?"

"LA에서. 아버지는 미국인이야." 그녀의 대답이었다.

혼혈아. 바로 봤구먼.

"사바나에게 기사도 정신을 한 번 발휘해 봐. 춤이든 술이든 무엇이든……"

"무엇이든?" 그건 정말 좋은 생각이었다. 볼프강은 일어서서 바 코너에

갔다. 그리고 맥주 두 조끼를 가져와서 우리 앞에 놓고는 친구들이 바 스탠드에 모여 있다면서 그쪽으로 갔다. 우리 둘만 남아 있는 바람에 분위기가 좀 어색했지만, 차차 나아졌다. 마치 서로 옛 친구를 다시 만난 듯 금세 친숙해졌다. 그녀의 성격이 소탈한 때문이기도 했다. 우리는 서로 조끼를 부딪치고 단숨에 들이켰다. 그녀는 올 여름에 어학연수를 마치고 LA로 돌아간다는 것이었다.

"미국을 방문할 기회가 있으면 연락해. 지금은 LA 근교에 살아."

사바나는 쪽지에 주소와 전화번호를 적어 내게 건네주었다.

나는 독일에 도착한 첫 해부터 사람들을 만나면서 주소와 전화번호를 많이 받았다. 그러나 여태껏 내가 기꺼이 연락하여 방문한 사람은 한두 명에 불과했다. 방문지가 어디냐에 따라, 그리고 누가 초대하느냐에 따라 가느냐 마느냐 결정되었기 때문이다. 방문 도시 중 기억에 남는 곳은 고대 로마가 세운 독일에서 가장 오래된 도시 트리어(Trier)였다. 이 도시는 또 모젤 포도주의 고장이기도 하다. 트리어는 룩셈부르크 국경에 인접해 있는 도시다. 트리어 방문 동안 시간을 내어 친구의 포르쉐 스포츠카를 타고 한적한 시골길을 달리며 룩셈부르크의 동명(同名)의 수도 도심까지 들어가서 사슴 요리도 먹어보고 시가지도 구경했다. 독일과 다른 점이 하나도 없었다. 그때도 카니발이 한창이던 2월경이었다.

"고마워. 가게 되면 꼭 연락할게."

나는 쪽지를 지갑 속에 집어넣었다.

"장소를 옮길까?" 사바나가 갑자기 물었다.

"어디로?"

"우리 기숙사로."

"'우리 기숙사'가 어딘데?"

"프라이만."

"나중에 친구들과 「바이에른 호프」로 이동하기로 했는데……" 나는 주저하며 말했다.

“친구들, 제각기 뿔뿔이 흩어진 것 같은데. 그리고 그 호텔은 호주머니가 좀 두둑해야 신나게 놀 수 있는 곳 아니냐?”

“그거야 유희본능이 어떤 식으로 작용하느냐에 따라 다르겠지. 여하튼 나가자!”

“정말? 친구들을 놔두고?” 사바나는 나를 곁눈질로 살펴보며 말했다.

“나가자면서?”

나는 그녀의 손을 잡고 살금살금 무리 사이를 뚫고 밖으로 나갔다. 눈송이가 조금씩 날리는 가운데 공기마저 차가웠다. 나는 숨을 힘껏 내쉬었다. 기분이 한결 상쾌했다.

“프라이만으로 가자! 전차에 몸을 싣고. 향수와 낭만, 그 실체는 전차란다.” 나는 시를 읊듯 죽어라고 목청껏 외쳤다.

“미국에도 전차가 다니긴 한데…… 샌프란시스코 도심의 언덕길을 오르내리는 케이블 전차, 그리고 재즈의 도시 뉴올리언스의 우수어린 거리를 지나다니는 ‘욕망이라는 이름의 전차’…… 향수, 도심의 낭만, 이 두 도시가 수호천사처럼 잘 지켜주겠지.” 사바나는 마치 푸념 섞인 심경을 토로하듯 화답했다.

사바나의 기숙사도 갖가지 누더기를 걸친 쌍쌍의 젊은 남녀들로 북적댔다. 홀에는 음악에 맞춰 춤의 잔치가 한창 진행 중이라 그곳을 비집고 들어갈 엄두가 안 났다. 나는 잠시 한눈을 팔다가 사바나를 놓쳐버렸다. 홀 바깥 복도에 있는 의자에 우두커니 앉아 사바나가 나타나기를 기다렸다. 어떤 여학생이 다가와서 춤을 청했다. 나는 고개를 저었다. 혹시 사바나를 놓칠까봐 두려웠기 때문이다. 나는 말도 없이 그냥 두고 온 친구들을 생각했다. 욕을 하며 나를 찾을 것이 뻔했다. 10시가 훨씬 지났으니 장소를 아마 「바이에른 호프」로 옮겨서 신나게 놀지도 모르겠군. 조금 더 기다려 보다가 사바나가 끝내 나타나지 않으면 아예 거기로 가버릴까 봐! 그렇지 않으면 그녀의 방으로 올라가 볼까? 몇 층 몇 호? 한참 시간이 흐른 후 마침내 사바나가 모습을 드러냈다.

"길을 잃은 어린양처럼 왜 멍하니 앉아 있니?" 사바나가 내뱉은 첫마디였다.

"너를 한참 찾다가 지쳐서 쉬고 있어." 나는 거짓말했다.

"아무 여학생이나 붙들고 춤추지 않고." 사바나가 실망한 듯 말했다.

"나를 못 찾으면 어떡하려고?"

"남자가 너, 하나뿐이니?"

"여기는 발 디딜 틈도 없으니 네 방으로 올라가자."

나는 그녀의 의중을 떠보았다.

"내 방으로 가고 싶다고? 음흉한 인간!"

나는 그녀를 따라 올라갔다. 꽤 큰 1인용 방이었다.

"저기 선반 위에 있는 술 꺼내 마셔라."

나는 두근거리는 가슴을 가라앉히기 위해 레드 와인 한 잔을 따라 마셨다. 그녀는 내가 보는 앞에서 스스럼없이 진 바지와 속옷까지 벗어버리고 잠옷을 알몸에 걸쳤다. 하얀 말간 속살이 탐스럽게 비쳤다. 그 살빛과 대비되는 신선한 딸기 같은 검붉은 젖꼭지와 가무스름한 젖꽃판…… 전라의 여인보다 투명한 실오라기 하나 걸친 여인이 더욱 에로틱하고 퇴폐적이며, 보다 농익은 관능미를 뿜어낸다. 그녀의 다리 사이의 음모가 무르익은 벼이삭이 고개를 숙이듯 사붓이 가라앉아 있었다. 색깔도 검은빛이 아니라 옅은 갈색 빛을 띠었다. 그녀가 바로 내 앞에 있는 침대 모서리에 걸터앉아 자기에게도 한 잔 따라달라고 요구했다. 나는 그녀에게 한잔 따라주고는 급하게 - 그녀가 금세라도 없어질까 봐서 그랬을까? - 상의부터 시작하여, 그러나 흥분한 탓인지 T-셔츠는 그냥 입은 채로 두고, 신발, 양말, 바지까지 벗고는 삼각슬립마저 벗어 던졌다. 던진 슬립이 마침 그녀가 들고 있던 술잔을 치고 말았다. 슬립은 술잔과 함께 공교롭게도 그녀의 무릎에 부딪치고 바닥에 떨어졌다. 잔이 두 조각났다. 나는 조각들을 얼른 주워 휴지통에 버렸다. 유리 조각들이 그녀에게 상처를 입히지 않은 것만도 다행이었다. 그러나 술이 동시에 엎질러지는 바람에 그녀의 허벅지 주위가 촉촉이 젖어 있었다. 나는 세면기 옆에 걸려있는 수건을 가져와서 그녀를 침대에 누인 뒤 마치 멘스가 스며든 듯 붉게 물든 가운 앞자락을 양옆으로 밀어젖히고 무릎 사이와 다리를 닦아주었다. 그 와중에도 엄밀한 곳을 자세히 들여다 볼 수 있었다. 어찌나 두려움이 앞섰던지 가슴이 마구 두근거렸다. 솜털처럼 보드라운 거웃 - 동양여자의 그것은 대부분 좀 까슬까슬한데, 그녀의 것은 전혀 그렇지가 않았다 -이 촘촘하지 못하고 약간 엉성해서 그런지 성기를 다 가리지 못했다. 성기둘레의 약간 성긴 모습이나 소음순의 약간 늘어진 듯한, 그리고 양옆으로 좀 벌어진 모양이 풍부한 성 경험에 의한 변이성 때문이 아닌가 싶었다. 게다가 음부가 꽤 아래쪽에 위치하여 항문과의 거리가 거의 없어 보였다. 여자마다 성기 모양이 다르듯이 위치 또한 다른 건가. 그녀가 무어라고 중얼거렸다. 나는 그 중얼거림을 내 나름대로 해석하고 그녀의 아래를 더듬기 시작하자, 그녀가 흠칫 몸과 다리를 꼬았다. 미로 찾기가 더욱 어렵게 되었다. 몸 길을 잃은 듯 한참 더듬다가 엉겁결에 그만 실언하고 말았다.

"홍콩계 미국여인은 모두 성기가 아래쪽 깊숙이 붙어있나? 너무 밑에 박혀 있어 성기인지 항문인지 영 구별을 못하겠군."

나는 술을 엎질러 그녀의 기분을 상하게 한 것도 모자라 또 장난삼아 농을 함부로 뇌까렸던 것이다. 그녀의 몸속을 들여다보다가 음순이 아주 항문 가까이에 위치해 있는 것 같아 별로 경험 없는 나로서는 여성의 신체 일부를 가리켜 '똥구멍'이란 건전치 못한 뉘앙스의 표현을 쓴 게 화근이었다. 애정이 흠뻑 담긴 표현이 훌륭한 섹스를 위해 여러모로 도움이 될 텐데 말이다.

사바나는 벌떡 일어나서 내 얼굴을 향해 베개들을 마구 집어던지며 소리쳤다.

"쫓아내기 전에 빨리 나가, 꺼져! 원 별 꼴 다 보겠네. 애무한답시고 무드

깨는 인간은 딱 질색이야. 알아들었어?"

그녀는 정색한 얼굴로 일갈하며 벗겨진 젖은 가운을 다른 실내복으로 갈아입었다. 그녀의 기분을 잡쳐놓았으니 이날 밤은 완전히 허탕 친 셈이 됐다. 에로틱한 무드도 일시에 깨지고 말았다. 정말 안타까울 따름이었다. 그녀를 자극할 때 페니스가 꼿꼿이 발기하는가 싶더니만 한바탕 난리가나는 통에 완전히 겁을 집어먹었든지 아니면 부끄러웠든지 말라빠진 홍당무처럼 보잘것없이 오그라져버렸다. 언젠가 어느 하찮은 여자가 내 그것을 보고 예쁘게 생겼다고 어루만지면서 크게 웃어댔다. 조소에 가까운 그 불쾌한 웃음소리가 왠지 갑자기 생각났다. 나는 얼굴이 빨개져 어찌할 바를 몰라 이 위기의 순간을 모면하는 것이 상책이라 생각하여 바닥에 여기저기 흩어져 있는 옷을 주섬주섬 주워입고 본의 아니게 모욕을 준데 대해 사죄하고 방을 서둘러 빠져 나왔다. 말 한마디 잘못해 무안을 당했다고 생각하니 몹시 속이 상했다.

늦잠을 잤다. 누군가 방문을 노크했다. 나는 억지로 일어나서 문을 열었다. 볼프강이 골와즈를 입에 물고 싱긋이 웃는 얼굴로 서 있었다. 나는 말하기가 싫어 손짓으로 들어오라고 했다.

"보아 하니 너야말로 완전히 녹초가 되어 돌아왔구먼. 해가 중천에 떴는데도 여태 곯아떨어져 잠에 취해 있으니 한심하군." 볼프강은 비난조로 말했다.

볼프강은 의자를 자기 앞으로 당기고 앉았다.

"말도 없이 사바나랑 어디로 내뺀 거야?"

"사바나의 기숙사로. 더 솔직히 말해서 그녀의 방으로" 나는 숨김없이 말했다.

"그래서?"

"그래서 홍콩계 LA 여자와 동침을 시도했는데……"

"시도했는데……?"

“내 잘못으로 실패했어.”

“멍청이처럼 무얼 어떻게 했길래?”

볼프강은 다리를 책상 위에 올려놓았다.

나는 간밤에 있었던 일을 설명해주었다. 그는 얘기를 듣고는 박장대소했다.

“야, 음문이든 항문이든 구멍이면 됐네. 뭐 틀린 말도 아니네. 내가 보기엔 화낼 것도 아닌데, 뭘. 도가사상에서 ‘구멍’은 중요한 개념이야. 텅 빈 공(空)은 바로 만물의 근원이니라.”

볼프강은 동양철학, 문화, 생활양식에 관심이 많고, 내가 못하는 바둑도 곧잘 두며, 초밥도 나 못지않게 잘 먹었다.

도의 사상은 생성(生成)과 관계가 있기 때문에 여자의 생식기를 ‘구멍’에 비유했단 말인가? 어쨌든 도교의 유무를 떠나서 아무래도 듣기 좋은 표현은 아닌 듯싶었다.

“볼프강, 너 참 유식하다.” 나는 감탄했다.

나는 ‘도의 사상’을 모체에 비유하는 이유를 되새겨봤다. 도(道)는 한국말로 ‘길’이라고 하는데, 길은 또 우리 옛말로, 또는 경상도 사투리로, ‘질’이라 한다. ‘질’은, 다시 말해서, 여성의 질(膣)을 뜻하기도 한다. 때문에 도는 오로지 ‘질’로 통하였음을, 그래서 옛날 옛적엔 섹스로 쓰이지 않았나 생각했다. 나는 ‘질’의 예찬에 이어 친구의 말에 내 나름대로의 주석을 달아봤다.

“구멍 개념으로 되돌아가서 음문과 항문은 피차(彼此)의 대립양상과 마찬가질세. 그것(披)과 이것(此)의 차이는 서로 자리를 바꾸기만 하면 되거든. 조금 전의 저것이 이제는 이것이 되고, 조금 전의 이것이 이제 저것이 될 테니 말이다.” 볼프강이 덧붙여 설명했다.

나는 고개만 끄덕였다. 볼프강은 갑자기 나를 겨냥하여 화제를 돌렸다.

“근데 하나 물어보자. 싱싱한 알몸의 젊은 여자를 앞에 두고 쳐다 보기만 하고 그냥 나왔다는 말인가? 아이고, 저 바보!”

"다음에 또 기회가 있겠지." 나는 기대에 찬 어조로 말했다.

"다음은 다음이고." 볼프강은 일어서서 방을 나서려고 했다.

"야, 벌써 가게?"

"약속 있어. 궁금해서 그냥 들렀을 뿐이야." 말하면서 친구는 휙 나가버렸다.

그 일이 있은 지 약 1주일이 지났다. 전화가 왔다. 나는 전화기에서 울리는 상대방의 목소리에 – 마치 도둑이 제 발 저리듯 – 깜짝 놀랐다. 그건 사바나의 목소리였다. 심장이 뛰기 시작했다. 선약이 없으면 저녁 7시까지 「피나코텍 레스토랑」으로 나오라는 것이었다. 명령조로. 「피나코텍 레스토랑」은 내가 기억하기론 「고(古)미술관」(Alte Pinakothek) 건물에 부속돼 있는 유고 음식점이었다. 내가 가끔 즐겨 찾던 음식점인데, 특별메뉴로 매운 유고 음식이 일품이었다.

나는 들뜬 마음으로 빠르지도 늦지도 않게 7시 정각에 맞춰 도착했다. 사바나는 예쁜 옷을 차려 입고 먼저 와서 기다리고 있었다. 여자가 먼저 와서 기다리다니, 실례가 아닌가. 나는 약간 상기된 얼굴을 감추지 못한 채 맞은편 의자에 가서 앉았다.

"내가 그날 너무 지나쳤나?" 사바나가 먼저 말문을 열었다.

"아냐. 내가 처신을 잘못해 일어난 일이야. 욕 얻어먹어도 싸지 뭐."

"그래서 꺼지라는 말 한마디에 달아나듯 그냥 사라지는 남자가 천지에 어디 있어?"

"여기 있잖아. 그럼 가지 말걸. 또 실수했네." 하고 난 웃고 말았다.

"남자가 박력도 없이 그게 뭐냐? 비겁하게……"

사바나는 나를 놀려대는 인상을 더 주지 않기 위해 거기서 말을 끊었다.

"알았어. 그럼 다음엔 어떻게 나올지 두고 봐. 아예 강간을 해버릴 테니까 고소나 하지 마라." 나는 진심인 양 정색하고 말했다.

"다음에 누가 그런 기회가 있대? 어림없는 소리!"

약을 올릴 작심을 하셨군.

"있게 만들어야지." 나는 되받아쳤다.

웨이터가 다가와서 음식을 주문 받았다. 우리는 맥주와 전통음식을 시켰다. 웨이터가 먼저 맥주를 가져왔다. 우리는 좋은 친구로 남기로 다짐하고 건배했다. 곧 이어 음식도 식탁 위에 올려졌다. 나는 음식을 먹으면서 사바나를 자주 쳐다보았다. 그윽한 분위기마저 감돌아 입맛을 한껏 돋우었다. 그날, 그 카니발 밤엔 짙은 화장 때문에 그녀를 제대로 보지 못했었지만, 이날 저녁엔 연한 불빛에서 새삼스레 마주 대하고 보니 - 나는 여태껏 동양여자들(혼혈이든 아니든)에게 별로 관심을 보이지 않았다 - 그녀의 성적 매력이 한층 돋보였다. 균형 잡힌 몸매에 마스카라를 칠한 갈색 눈이 시원스레 빛났다. 사바나는 여러 모로 지난번과는 딴판이었다. 어느 쪽이 과연 참모습인가? 나는 사바나를 - 그때의 그 가면 쓴 모습이든 이때의 참모습이든, 피차(彼此)는 결국 동일하다 하였거늘 - 진정 사랑할 수도 있겠다고 생각했다. 그리고 갑자기 내면에서 꿈틀거리며 발현하는 일종의 욕정 같은 것을 느꼈다. 지난번에는 키스도 한 번 제대로 못해 봤었다. 사바나가 매혹적인 눈빛으로 나를 노려보며 말했다.

"밥 먹다가 말고 무얼 생각하니?"

"응, 아무 것도 아냐."

나는 음식을 계속 꾸역꾸역 씹으며 생각했다. 이럴 땐 인간이 된 게 오히려 불리하다고. 수컷짐승이라면 누가 보든 말든, 장소가 어디든 상관없이 발정기의 암컷에게 달려들어 한바탕 시원스럽게 해치우고 말텐데 말이다. 사바나는 내 속마음을 읽은 듯 말했다.

"만나고 싶으면 언제라도 연락해."

사바나는 소리도 내지 않고 음식을 조금씩 입에 넣었다. 나는 그녀의 탐스러운 입을 힐끗 한 번 쳐다보았다. 오늘밤이라도 기숙사로 직행하면 안 되나? 하고 말할까 하다가 자제했다. 그녀를 또 다시 화나게 하고 싶지 않아서였다. 물론 내가 그렇게 말했다한들 지난번처럼 화는 결코 내지 않았을 것이다.

식사가 끝난 후 우리는 「영국공원」의 한적한 호숫가 - 봄에서 가을까지 보트를 탈 수 있지만, 겨우내 보트 대신 얼음덩이와 누른 낙엽만 둥둥 떠다니니 삭막한 풍경을 자아낸다 -를 한동안 거닐었다. 공원은 꽤 넓다. 공원 한복판을 관통하는 이자르 강, 시원한 물살. 한여름이면 이곳에 나체족이 모여들어 일광욕을 즐긴다. 섭씨 30℃ 이상의 무더운 어느 여름에 친구들과 함께 물살을 가르며 헤엄친 일이 생각났다. 우리는 슈바빙의 번잡한 거리로 다시 나왔다. 술집, 카페, 바 등 유흥업소가 밀집해 있는 곳이라 그냥 지나칠 수가 없었다. 그래서 한 디스코텍으로 들어가서 와인도 마시고 춤도 추고 실컷 놀았다……

장크트 오틸리엔

여름이 찾아오자, 나는 한 달간의 일정으로 뮌헨에서 남서쪽으로 약 40km 떨어진 수도원 마을 장크트 오틸리엔Sankt Ottilien을 찾았다. 이곳에는 베네딕트 대수도원 본원 건물이 장엄한 자태를 뽐내며 자리하고 있다. 즉 수도원 마을인 셈이다. 오딜리아 대수도원은 신학대학, 인문 고등학교, 실업전문학교, 농업전문학교, 피정의 집, 민속박물관, 그리고 조그만 인쇄소를 운영한다. 성직자와 수사들은 묵상, 미사, 성독(聖讀) 등 종교 활동 외에 출판사, 농장 및 여러 작업장에서 육체노동을 겸하며 일과를 보낸다.

나는 수도원 구역 내에 있는 별채에 투숙했다.

이곳 수도원을 방문한 계기는 한때 뮌헨대학 강사로 재직하던 안드레아스 신부(현재 이곳 신학대학 주임교수)의 초청도 있었고, 또 지도교수 E. 헤르더 교수의 건의 및 요구사항도 있었기 때문이다. 그래서 조용한 곳이 필요했다. 테마를 아무거나 정해서 논문 한 편을 다음 학기에 제출하라는 것이었다. 뭐, 비교문학도 좋고. 예를 들어, E. T. A. 호프만과 E. A. 포 비교연구, 또는 동서 문학 비교연구 등등. 그러다가 학위논문은 언제 쓰나, 웬 비교문학? 나는 혼잣말로 중얼거렸다. 지난 학기엔 헤르더 교수의 〈연극연습〉강좌에 참여하여 주제넘게 희곡 한 편을 창작 시도했다. 독일어 구사능력이 완벽하지 못해 나는 동료

여학생 메히트힐트한테 교정을 봐달라고 부탁했다. 메히트힐트는 졸업 후 정식으로 김나지움(인문 고등학교) 교사 발령을 받아 뮌헨에서 남서쪽으로 약 50km 떨어진 한 호반의 시골도시에서 독일어와 영어를 가르치고 있었다. 그래서 요즘은 서로 만나는 횟수가 부쩍 줄어들었다. 그녀는 내가 뮌헨에 온 지 얼마 안 돼 알고 지낸 첫 독일여자였다. 뮌헨에서 생활 한 지 1년 반쯤 지났을까, 헤르더 교수의 초청으로 크리스마스 휴가를 가르미쉬-파르텐키르헨에서 메히트힐트와 함께 보낸 적도 있었다. 수양딸 사라와 집사아주머니의 환대를 받으며…… 그때부터 그녀와 나는 더욱 친해졌다. 그러나 어찌 된 셈인지는 몰라도 지금껏 나는 그녀에게 우정 이상의 감정을 품어본 적이 없었다. 그녀 역시 나에 대한 감정도 아마 마찬가지였을 것이다. 그녀는 못생긴 여자도 아니었다. 브루넷에다가, 생김새도 예쁘장하고 깜찍했다. 기회 있을 때마다 나는 그녀와 춤도 추러갔고 연극도 관람했다. 그러니까 손을 잡아본 게 거의 전부였다고 해도 과언이 아니었다. 손잡는 일이야 춤을 추자면 어쩔 도리가 없는 일이다. 물론 손을 맞잡지 않고 추는 춤도 있다마는…… 그러나 파트너의 손도 잡고 허리도 꼭 껴안고 춤을 추어야 탐미적인 기쁨을 감지할 수 있지 않을까. 느릿느릿한 템포의 블루스든 유연한 몸놀림의 정열적인 탱고든 우아한 왈츠든 모두 다 기쁨과 환희를 느끼는 춤이다. 그런데 애정에 관한 한, 그게 마치 금기나 금단의 열매인 양, 우리는 서로에게 왜 그토록 접근을 꺼려했던 것일까? 아마 꺼리는 척했던 것인지도 몰랐다. 그래선지 우리는 우리 둘 사이를 비집고 들어갈 만한 미세한 틈새도 내주지 않았다. 참 알다가도 모를 일이었다. 어쨌거나 그녀에게 빚진 게 많았다. 특히 나의 세미나 논문을 꼼꼼히 읽고 교정한 덕분에 좋은 성적을 받은 게 한두 번이 아니었다. 미국대학과 달리 독일대학은 학점제가 아니다. 일반 강의청강 외 별도로 세미나 연습에 참여하여 일정 수의 세미나 증서를 획득해야만 졸업논문을 제출할 자격이 주어진다. 세미나 연습은 초급 세미나, 주(主) 혹은 상급 세미나, 그리고 박사과정수업(Kolloquium)으로 분류

된다.

장크트 오틸리엔 도착 다음 날 나는 오후산책에서, 마침 그때가 오후 3시 티타임이라, 돌아오는 길에 안드레아스 신부의 집무실에 들렀다. 신부는 나를 보자 마침 잘 왔다고 말하면서 그러잖아도 조금 전까지 내 방에 들르려고 생각했다는 것이다.

"뭐 불편한 게 없어?"

"없는데요. 공부하기엔 정말 좋은 곳이에요."

신부는 책상 위에 놓여 있는 우편물 하나를 내게 건네주며 말했다.

"메히트힐트에서 온 편지 같은데. 내 우편물 속에 끼어있더라. 이곳에 왔다고 알려줬나?"

"네. 교정 좀 봐달라고 원고를 맡겼거든요."

"내게도 함께 안부편지를 보냈더라. 주소지가 쇼른도르프(Schorndorf)로 돼 있는 것을 보니 거기서 교편을 잡고 있는가 봐. 그곳이라면 여기서 얼마 멀지 않는데…… 뮌헨으로 돌아가는 길에 한 번 들렀다 가지 그래? 그곳을 거쳐 가면 약간 돌기는 하겠지만."

"한 번 생각해 보고요. 어려운 일이 있을 때마다, 너무 많은 신세를 져서 이제 만나기도 정말 두렵고 미안해요."

"그쪽에서 기꺼이 돕겠다고 나서는데 미안해 할 것까지야 뭐 있겠나?"

방에 돌아와서 다시 그녀의 편지에 시선이 쏠렸다. 나는 그녀와 여러 번 서신교환을 해봤지만 다른 편지는 무슨 이유에선지 다 없애고 이 편지 하나만 달랑 남겨두었다. 왜 그랬을까? 글쎄…… 편지봉투를 뜯고선 내용물을 끄집어내어 읽었다. 두 쪽 이상의 분량이니 꽤 긴 편지였다. 그 일부를 소개한다. (원본은 부록 I 참조)

가이씨!

암머제 호반(湖畔)의 쇼른도르프, 196X년 8월 19일

장엄한 일출! 나는 호숫가로 내려가서 조개껍데기와 도토리를 찾았다. 물결이 조용히 물가로 밀려오면서 생긴 금빛 찬란한 물길이 넓게 퍼져 물위를 가로지르며 내 발 밑까지 달려온다. 아, 나는 잠을 흡족하게 이루지 못했어. 그리고 내가, 원, 낭만에 젖어 있나 봐!

이제 여기 앉아서 너의 원고를 받아보고 어찌할 바를 모르겠다는 말을 해야겠어. 어제 절반까지만 읽고 나머지는 대충 훑어보았는데 교정에 자신이 없음을 느꼈어. 물론 문법상의 틀린 말이나 오자를 고칠 수는 있지만, 그럼에도 불구하고 독일어 어법에 전혀 맞지 않거나 뜻을 이해할 수 없는 문장이 떡 버티고 있으니 말이다. 특히 서막, 시편, 논쟁이 여기에 해당되거든. 영어에서는 무엇을 얘기하고자 하는 것을 알겠는데, 그렇다고 내 멋대로 바꿀 수 없는 노릇. 너야말로 그렇게 긴 드라마를 독일어로 쓸 수 있다니 정말 용기가 대단하구나. 오해하지 마. 네 독일어는 풍부한 어휘와 표현의 생동감에 관한 한 놀랄 만큼 훌륭해. 하지만 너는 때론 전형적인 독일어 어법과 올바른 어투를 아직도 못 찾고 있어. 나는 네가 대상을 말할 때 즐겨 쓰는 그 특유의 표현법을 깨닫기는 했지만, 그래도 알맞은 어투를 골라야 해. 언어에 관해서는 그만하고. 구조와 내용에 대해선 너와 마주앉아 오랫동안 얘기를 나눠야겠어. 질문이 너무 많거든…… [중략] 각 막의 줄거리는 대체로 탄탄하긴 한데, 그럼에도 불구하고 여러 가지 면에서 돋보이게 하기 위해서 내용을 좀 줄인다면, 극적 효과도 뚜렷하게 나타나리라 믿어. 무대에선 더욱 효과적일 테고!…… [중략] 또 다른 질문은 개개인의 등장인물이야. 이가리, 나니, 그리고 수도원원장이 제일 납득이 가는 역을 소화하고 있고, 또 이가리는 대단히 매력적인 인물이야. 왜 그런지 나도 몰라. 아마도 아무 특성이 없기 때문에 그런 게 아닌가 싶어. 그런데 '캐릭터'란 달리 무얼 두고 하는 말인데? 더 알고 싶으면 다음에 만날 때 얘기해줄게…… [중략] 다른 것은 구두(口頭)로. 내가 어떻게 해야 좋을지 바로 답장을 해줘. 문법상 잘못된 것을 고칠까? 여기저기 고치기는 했는데 문장을 이해 못한 채로 놔둔다면 아무 의미가 없어. 지금의 드라마를 그대로 접어두고 올바른 독일어로 보다 짧은 것을 새로 시도해 보고 나서, 독일어에 보다 확신이 설 때, 그리고 시나 드라마 쓰기에 보다 자신이 있다고 느낄 때 이 드라마를 고치는 것이 제일 좋을

것 같아. 언짢게 생각지 마라!

메히트힐트

일부러 친필로 예쁜 편지지에 써서 예쁜 봉투에 넣어 보내주어 무척 반갑고 고마웠다. 그것도 정성스러운 필체로. 곰곰이 생각하니 그녀의 말이 맞는 것 같았다. 내가 너무 무모한 짓을 했나 보다. 시간 낭비 말고 학문에나 전심하시라!

뮌헨으로 바로 돌아갈 계획이었는데 편지를 받고 보니 그곳에 잠깐 들러 그녀를 만나고 가야겠다는 생각이 앞섰다. 그래서 계획을 수정하기로 마음먹었다.

나는 몇 주 동안 논문 작성에 매달렸다. 제목을 노트에 적어봤다. 「무위(無爲)의 형이상학. 도가사상과 18세기 독일 문학」. 테마가 너무 광범위하여 좁혀 생각했다. 「무위의 개념. 가능성의 접근: 노자와 독일 경건주의」. 동양사상과 서양사상을 접목시켜 이른바 하나의 통일된 세계관을 창조하여 동서의 경계선을 아예 해체할 생각이었다. 그건, 이질성의 만남을 통해 동질성을 극복하는 가운데서 동질성의 변화를 통해 이질성을 동화시킬 수만 있다면, 얼마든지 가능할 것 같기도 했다. 여기엔 방대한 발생학적 자료조사가 필요하겠으나, 노자와 장자를 접한 18세기 독일 작가와 철학자가 얼마나 되겠느냐는 의문이 생기지 않을 수 없었다. 노자와 장자를 객관적 관념론의 사상가로 규정짓는 다면 그것과 연결되는 큰 쇠사슬의 고리역할은 서양에선 브루노, 스피노자, 괴테, 쇼펜하우어 등이 대표했다고 볼 수 있다. 라이프니츠, 셸링, 헤겔 등은 직접 도가(道家)에 한때 심취했던 적도 있다. 개관적 관념론의 논쟁은 장자의 〈천뢰(天籟)를 듣다〉에서 잘 나타나 있다:

무릇 땅이 내 뿜는 기운을 바람이라 이름한다. 이것은 일어나지 않을

뿐, 일어나면 뭇 구멍(만규[萬竅])이 노해 울부짖게 된다. '지뢰(地籟)는 뭇 구멍이 그것이요, 인뢰(人籟)는 비죽(比竹)이 그것인데, 천뢰는 무엇입니까?' '천차만별의 사물에 작용하여 스스로 소리 내게 한다. 모두 스스로 취하지만, 노하게 하는 것은 무엇이겠느냐?'

지뢰든 인뢰든 각각 제 소리와 제 음색으로 울리게 하는 것이 곧 천뢰라면, 과연 그 원동력은 무엇인가, 아니 누구인가? 이 물음은 《요한복음》에서도 찾아볼 수 있다:

바람은 불고 싶은 대로 분다. 너는 그 소리를 들어도 어디서 불어와서 어디로 가는지 모른다. 성령으로 난 사람도 다 이와 같다…… 내가 세상일을 말해도 믿지 않은데 하늘의 일을 말한다면 어떻게 믿겠느냐? (3; 8, 12)

그러나 논문주제가 애초의 구상에서 이외로 많이 벗어났다. 즉 문학은 아예 뒷전에 밀려난 셈이었다. 나는 하는 수 없이 방법론을 바꿨다 – 발생학적 해석에서 현상학적 해석으로. 즉 텍스트를 하나의 독립된 자급자족의 창작물로 보았다. 명제는 노자의 중심사상에서 따왔다. *함이 없으면 하지 않음이 없다*. 이 기축을 중심으로 두 종류의 상이한 테스트를 비교하여 합명제를 도출해내는 작업인데, 과연 실현 가능성이 있는지에 대해선 나 스스로 고개를 갸우뚱하지 않을 수 없었다. 여하튼 동서사상의 철저한 조사와 연구 끝에 서양에서 '무위(無爲)'와 비할 수 있는 것은 '정(靜)'이라고 생각했다. '정'은 고요한 가운데 능동적인 행위, 곧 '동'(動)이 자재(自在)하고 있음이다. '정중동'이란 말도 있지 않은가. 어느 18세기 독일 시인은 '정'과 '동'은 한 뱃속에서 태어났다며, '정'을 절대화할 수 없는 이유는 '동'(유위[有爲])을 배제해야 하기 때문이라고 주장했다. 또 다른 18세기 시인은 '영혼은 산들바람이 부는 아름답고 쾌청한 저녁(가을)과도 같다.'고 했다. 그러므로 자연과 영혼의 합일을 추구함에 어떤 인위적 행위가 개입할 여지가 없다는 것이다. 그의 산문에 또 이런 장면이 있다. 한 쌍의 소년소녀가 개천에서 돌을 이리저리 옮기는 놀이를 한다. 아버지가 그 놀이를 보고 못마땅하게 여겨 자연 그대로 흐르는 물줄기의 방향을 인위적으로 바꿔 놓는 것은 소위(所爲)라며, 그만 두라고 타이른다. 마치 노자나 장자의 은유와 우화를 읽는 것 같았다. 또 현대 독일작가 하인리히 뵐은 어떤가? 그는 무위사상을 의식하듯 물질문명과 첨단과학보다 목가적인 '무위' 또는 '정'을 존중하는 흥미로운 일화를 쓰기도 했다.

나는 내친 김에 논문(*참고로: 훗날에 보완작업을 거쳐 독일학술지 [SUEVICA]에 게재되었음. 제목: 무위(無爲)와 정(靜)의 개념, 형이상학적 해석시도*)을 대충 마무리 짓고, 이것까지도 이왕 그녀를 만나는 김에 보여줘야겠다고 생각했다. 부탁이 또 하나 더 늘어났으니 미운 짓은 혼자 골라 하는 셈이었다.

나는 그림엽서에 간략하게 도착일시 등 몇 자(字)를 적어 그녀한테 띄워 보냈다. 사전에 물어보지도 않고 일방적으로 도착일시를 정하여 통보한데 대해 미안한 감이 없는 것도 아니었다. 혹시 다른 계획이라도 있으면 어떡하지? 역으로 마중 나올까? 나오든지 말든지 모르겠다, 하고 나는 책상머리에 앉아 책 속에 파묻혔다. 마침내 머리를 짜고 짜서 A4 용지 50쪽에 달하는 논문을 작성했다. 작업을 끝내고 나니 마음이 한결 가벼워졌다.

열차(전철)는 쇼른도르프 역에 가까이 가면 갈수록 속도를 늦추며 플랫폼으로 서서히 미끄러지듯 들어섰다. 열차가 완전히 멈춰 서자 나는 그녀가 마중을 나왔는지 궁금하여 먼저 창밖을 내다보았다. 그러나 그녀의 모습은 눈에 띄지 않았다.

독일 철도역의 플랫폼은 사방이 확 트인 상태다. 우리나라처럼 개찰구 같은 것도 없다. 역사(驛舍)의 중앙 출입구 통로가 있기는 하지만, 아무 데서나 플랫폼을 마음대로 드나들 수 있다. 단 역무원은 객차 안에서만 차표를 검사할 따름이다. 하지만 우리나라는 승차할 때나 하차할 때나 개찰구에서 차표를 검사 받았다. 무슨 절차가 원 그리 번거롭고 혼란스런지 미치지 않고서는 도무지 이해가 가지 않았다.

그러니까 확 트인 플랫폼에 그녀가 그 어디에도 보이지 않았다. 마중을 나왔으면 분명히 플랫폼에 서 있어야 했다. 중앙 통로를 거치지 않고 다른 길로 빠져나갈 수도 있기 때문이었다. 나는 한참 플랫폼에 쓸쓸히 서 있다가 중간 크기의 여행 가방을 들고 역사 대합실로 들어가서 그녀한테 전화를 걸까 말까 망설이다가 포기하고 여기저기 왔다 갔다 했다. 워낙 역이 작은 탓인지 매점도 없었다. 그때 내 이름을 부르는 소리가 들렸다.

"좀 늦었어." 그녀가 다가오면서 말했다.

"잊어버렸나, 하고 전화를 걸려던 참이었어."

"집에 있으면서 안 나올 리야 없지. 누구 좀 만나고 오느라고."

"선약이 없는 지 미리 물어보고 날짜를 잡았어야 했는데. 미안해."

"괜찮아. 나가자!"

"가방을 대합실 보관함에 넣어두고 갈까?"

"아니, 자동차 뒷좌석에 실어두면 되지."

"점심은 먹고 온 거니?"

"응."

나는 수도원에서 일찌감치 아침을 먹고 떠나려고 했으나, 그럴 경우 그녀를 하루 종일 붙잡아둘 것 같아 도착시간을 오후로 잡았다. 그게 적중했다. 그녀는 점심약속이 있었던 모양이다. 내 연락을 받고 혹시 약속시간을 저녁에서 점심으로 바꿨는지도 모르겠지만 말이다.

나는 '딱정벌레' 뒷좌석에 가방을 넣고는 앞좌석에 앉았다. 우리는 그녀의 전셋집으로 갔다. 자그마한 2층집. 그녀는 방 두 칸짜리 1층만을 빌려 썼다. 방 하나는 거실이었다. 미닫이 유리문을 통해 잘 가꿔놓은 아담한 뒤뜰을 볼

수 있었다. 저기 그늘진 나무 밑에서 커피나 차를 마시면 좋겠다고 생각했다. 그때 마침 그녀가 차 한 잔 마시겠느냐고 물었다. 그러자 나는 기다렸다는 듯 정원에서 마시자고 대답했다. 잠시 후 우리는 잔디밭 한구석에 놓여 있는 둥근 탁자에 앉아 차를 마셨다. 그녀가 먼저 운을 뗐다.

"안드레아스 신부님은 어떠셔? 건강하시고?"

"응. 네가 보낸 안부편지를 받아보고 기뻐하시더라."

잠시 침묵 후 그녀가 다시 입을 열었다.

"그나저나 희곡은 어떡할 참이야? 문법이 맞지 않은 문장은 고치긴 했는데, 표현상의 문제는 네가 하나씩 설명해주면 교정하기가 훨씬 쉬울 텐데. 오늘 함께 검토해 봐?"

나는 고개를 저으며 말했다.

"네 의견을 따르기로 했어. 그러니까 그 창작물은 당분간 접어두기로 하자."

"그 때문에 온 게 아니니?"

"그러긴 한데. 원고에 손대면 오늘 못 끝날지도 몰라."

"그래도 이왕 왔으니 하는 데까지 해보지 않고."

"그보다 논문이나 좀 봐주라."

나는 그녀한테서 자동차 열쇠를 받아가지고 밖으로 나가서 뒷좌석에 놓아둔 가방에서 서류봉투와 작은 상자를 끄집어내었다. 그리고 봉투는 옆구리에 끼고 상자는 손에 들고 다시 들어갔다. 나는 먼저 상자를 그녀의 손에 쥐어줬다. 그녀는 상자를 열어보고 십자가 목걸이를 꺼냈다. 그리고 손바닥에 얹어 놓고 나직한 비명을 내질렀다. 외국유학을 떠날 때 어머니가 주셨던 목걸이였다. 비상시에 팔아서 쓰라고 목걸이 외에 반지도 주셨다. 나는 여행을 떠날 때면 항상 이 두 패물을 간직하고 다녔다.

"예쁘다. 근데 웬 선물이니?"

"오래 전부터 가방 속에 넣어두고 널 만날 날만 학수고대하고 있었거든.

결국 기다린 보람이 있었군. 별것 아니지만 받아주길 바래."

"별것 아니긴. 24k인데다 무게도 꽤 나가는데."

"너한테 부탁만 하고 아무 것도 못해줘서 늘 마음에 걸렸어."

"무얼 바라고 도와준 것은 아니잖니?"

"그래도. 성당에 갈 때나 안 갈 때나 꼭 목에 걸고 다녀라. 걸고 다닐 때마다 나를 생각하고…… 알았지?" 나는 주제넘게 그렇게 주문했다.

"응."

그녀는 내 비위를 맞추려는 듯 목에 걸어봤다.

"그렇게 놔둬. 보기 좋다."

차를 마시면서 그녀는 먼저 논문 목차와 개요를 대충 훑어보았다.

"너는 - 내가 그 동안 지켜본 바에 의하면 - 전공분야에서 보다 제 실력을 발휘하는 것 같아."

"따뜻한 칭찬보다 냉정한 비판이 필요해. 야단칠 일이 있더라도 좀 꼼꼼히 봐주라."

"알았어. 테마가 아주 흥미롭군. 지금 봐주랴?"

"나중에."

"뭘 할래?"

"호수가로 나가서 산책이나 하자. 그리고 보트에 몸을 싣고 노 젓는 낭만을 즐기는 것도 좋고……"

그녀는 내게 보낸 자기 편지를 의식함인지 '낭만'이란 말을 듣고 입가에 소박한 미소를 머금었다. 정말 낭만을 즐겨보랴?

마을은 암머제 호숫가에 오롯이 자리 잡고 있다. 우리는 호숫가를 향해 천천히 걸어갔다. 호수는 지근한 거리였다. 날씨가 좋아서 그런지 남녀노소 할 것 없이 모두 모래사장과 풀밭에 누워 일광욕이나 수상스키를 즐기고 있었다. 보트를 타는 남녀도 눈에 띄었다.

우리는 보트 선착장에 이르렀다.

“바이에른 지방은 호수가 많아서 참 좋다.” 나는 기지개를 켜며 부르짖었다.

“스위스에 비하면 적은 편이지. 한국은 호수가 없는 대신 산이 많고. 어때? 내 말 맞지?”

그녀는 내게서 동의를 얻어낼 모양인 듯 나를 쳐다보고 물었다.

“응, 지리 공부 많이 하셨군.”

“노 젓는 보트를 탈래, 페달 밟는 보트를 탈래?”

“노 젓는 보트를 타야 낭만적인 기분을 한껏 낼 수 있지 않겠어?”

“낭만 너무 좋아하지 마라. 그러다가 언젠가 실망하겠다.” 그녀가 타이르듯 말했다.

“정신이 황폐화된 마당에 낭만마저 없다면 살맛날까?”

우리는 보트에 올라탈 때 균형을 잃지 않도록 애쓰며 조심스레 앉았다. 나는 조용한 물살을 가르며 깊은 곳을 향해 서서히 노를 저었다. 수상스키어가 하얀 물보라를 일으키며 우리 옆을 손살 같이 지나갔다. 로프를 잡고 모터보트의 후미에 매달리며 쫓아가는 스키어는 몸을 솟구치고 우리에게 환호성을 질렀다. 보트도 굉음을 냈다. 물결이 출렁댔다. 그 바람에 우리 보트가 심하게 흔들렸다. 수상스키는 좋은 여름 스포츠다. 무릎을 구부린 다음 팔을 뻗고 허리를 펴는 기마 자세로 시작하여 서서히 일어서는 동작을 포함해서 다양한 재주를 부리노라면 무더위에 찌든 스트레스가 시원하게 풀릴 것이다.

“출발할 때 기마 자세가 멋지군!” 나는 혼잣말을 했다.

“너도 한 번 타 볼래?”

또 하나의 모터보트가 시속 50km 속도로 우리 옆을 질주했다. 물결이 요동쳤다.

“가이야, 보트가 뒤집혀 물에 빠질라 조심해!”

“물에 빠지면 네가 책임지고 건져주면 되지.”

"나 수영 못해. 너는?" 그녀가 농담했다.

"나? 나 혼자야 여기서 뭍까지 헤엄쳐갈 실력은 충분하지만, 너를 옆구리에 끌어안거나 등에 업고는 못 갈걸."

"그래서 너 혼자 살겠다는 거니?"

"아니, 둘 다 물에 빠져 허우적거리면, 누가 와서 구해주겠지 뭐. 아니면 나도 빠져죽으면 어떨까, 하고 생각 중이야."

그녀는 나의 농담을 그냥 웃어넘겼다. 우리는 호수 한가운데에 멈춰 섰다. 나는 손바닥을 보고 얼굴을 찌푸렸다. 그녀가 왜 그러느냐고 물었다.

"벌써 손바닥에 물집이 생겼어."

"그것 봐. 낭만 좋아하더니만 안됐다, 가이야. 그만하고 돌아가자. 보트장까지 내가 젓고 갈게."

"아냐, 내가 계속 할게."

귀가 길에 나는 저녁식사에 초대하겠다고 제의했다. 그녀는 고개를 절레절레 저으며 어제 장을 봐뒀으니 저녁은 집에서 먹는다고 단호하게 말했다. 내가 아무리 부득부득 우겨봤자, 그녀는 받아들일 태세가 아니었다. 집에 도착하자마자 나는 또 다른 제의를 했다: 요리는 내게 맡기고 원고(논문)부터 봐달라고. 그리고 막차로 떠나야 하기 때문에 시간이 별로 없다고 덧붙였다. "It's a deal!"(그렇게 하자) 그녀는 고개를 끄덕이며 동의의 표시를 했다. 그리고 냉장고에서 고기, 감자, 야채를 꺼내어주며 무슨 요리를 하겠느냐고 물었다.

"재료가 없어서 동양요리는 못할 테고 간단한 스테이크나 구어 먹자" 하고 나는 흔쾌히 제의했다.

그녀는 또 고개를 끄덕이며 뭐 더 필요한 게 없느냐고 물었다. 나는 없다고 말하고 그녀를 부엌에서 내쫓다시피 했다.

"이러면 주객이 전도된 거 아니니?"

"내가 무슨 손님이라고."

그녀는 마지못해 서류봉투를 들고 방으로 들어갔다. 나는 그녀를 향해 소리쳤다.

“나오라고 할 때까지 거기서 꼼짝 말고 있어. 알았지!”

나는 먼저 감자를 깨끗이 솔질하여 중간에 한 번 가르고 거기에다 가염 버터를 바른 다음 알루미늄 박지로 싸서 가열된 오븐에 집어넣었다. 그리고 식탁에서 버섯, 토마토, 양상추 등을 썰어 이탈리아 소스를 곁들여 맛있는 샐러드를 만들었다. 마지막으로 프라이팬에 버터를 녹여 스테이크용 쇠고기 두 쪽을 얹어놓고 그 주위에 양파를 둥글게 썰어 넣은 다음 잘 익게끔 뚜껑을 닫았다. 그 다음엔 식탁을 깨끗이 치우고 식기, 잔, 샐러드 볼과 빵 바구니를 차례대로 놓았다. 부엌선반 위에 마침 촛대 두 개가 보였다. 서랍에서 초를 찾아내어 촛대에 꽂은 뒤 식탁 가운데에 세워놓았다.

점점 짙은 음식냄새가 풍겼다. 오븐에서 진짜 맛있는 감자가 멋지게 구워졌다. 브라보! 포도주는 어디 있담? 아, 저기 있군! 키친싱크대 옆에 레드 와인 샤또뇌프 뒤 빠쁘 한 병이 놓여 있었다. 내가 즐겨 마시는 포도주! 어떻게 알았을까. 와인 breathing을 해야 제 맛이 날 것 아냐. 그래서 코르크를 뽑아뒀다. 요리 시작과 종료까지 걸린 시간은 약 1시간 30분. 별 것 아닌 음식을 준비하는데 그리 많은 시간이 소요되다니! 어쨌든 즐거운 하루였다. 그녀가 옳았다. 레스토랑에서보다 집에서 그녀와 마주보고 식사를 하는 게 분위기가 한층 돋보일 테다…… 하고 나는 생각했다. 그녀의 표현대로 정녕 ‘낭만적’ 분위기……

그녀는 작업이 끝났는지 방에서 나왔다.

“무슨 맛있는 요리를 하길래…… 정말 식욕을 돋우는데,” 그녀가 입맛을 다시며 말했다.

“어서 와. 다 됐어. 우리 둘을 위해 진수성찬을 차릴 수야 없지만 감자, 스테이크, 샐러드 등 일상적인 음식으로 먹음직하게 차리긴 차렸는데…… 네가 한 번 평가해 봐.” 내가 마치 귀한 손님을 대접하는 주인인양 얘기했다.

나는 의자를 당겨 그녀를 먼저 앉혔다.

“굉장한데.” 그녀가 자리에 앉으며 칭찬했다. 그리고

“포도주는 내가 따라줄게.”했다.

“전깃불은 꺼버리고 촛불을 켜야지. 낭만적 분위기를 조성해야 입맛도 도는 법.”

나는 촛불을 켜고 전깃불을 끈 다음 맞은편에 앉았다.

“또 낭만 타령이니?”

“‘낭만’이란 말은 편지에서 네가 먼저 꺼냈어. 알아?”

“맞아.”

우리는 잔을 부딪친 뒤 ‘prosit’(건배)하고 두어 모금 마셨다. 얼마 후 그녀는

“맛있다! 멋있는 남자가 요리하니 음식도 맛있군.” 하고 부르짖었다.

“정말? 내가 멋지다고?”

“응. 꿈도 있고 상상력도 풍부하고 남자치곤 요리솜씨도 제법이고. 쓸 만해.”

우리는 또 한번 ‘zum Wohl’(건강을 위해)했다. 그녀가 나를 쳐다보며 나중에 기차 안에서 배고프다고 하지 말고 포만감을 느끼도록 먹으라고 권했다. 나는 농담조로 웃으면서 대꾸했다.

“자고 가라는 말은 끝내 안 하는군.”

“뭘 믿고 너를 내 집에서 재워 줘. 특히 이방인을.” 그녀도 웃으면서 응수했다.

“나는 어디로 가나 이방인 신세를 못 벗어나겠군. 훗날에 귀국하더라도 다를 바 없을 거야. 그 이유가 궁금하지? 내 외모는 태어날 때부터 그대로지만 내 정신 하나만큼은 그 고유의 헌옷을 벗어 던지고 새 옷을 갈아입은 지가 꽤 오래됐거든.”

땅을 밟고 너무 오래 걷다보니 나 자신이 부서져 파편이 되어 존재한다. 전체가 개체로 부서진 것이다. 부서진 존재?

그녀가 그 말을 재미나게 받아넘겼다.

"무슨 말인지 아리송하다만, 내가 이해한 바론 그 말은 곧 어디로 가나 너는 그곳 풍토에 잘 적응할 수 있다는 뜻으로 해석되는데."

"그래?"

그녀는 샐러드를 한입 먹으면서 나의 표정을 살폈다.

"정말 자고 갈래?"

"아냐. 신경 쓰지 마. 아까 막차로 간다고 했었잖아."

우리는 음식을 마저 먹고 빈 그릇을 개수대에 담아놓았다.

"이제 부엌에서 서성거리지 말고 저기 가서 꼼짝 말고 얌전히 앉아 있어. 그릇은 나중에 내가 알아서 씻을 테니까."

나는 설거지도 도와주고 싶었지만 체통 없이 군다고 야단맞을까 봐 아무 말도 않고 그냥 식탁으로 되돌아가서 촛불을 불어서 꺼버리고 전기 스위치를 다시 켰다. 그리고 소파 있는 데로 가서 앉았다.

"후식은 쿠키와 아이스크림. 먹을 거지?" 메히트힐트가 외쳤다.

"응. 그리고 차나 한 잔 마시게 해줘."

그리고 나는 낮은 목소리로 중얼거렸다. "사라는 뮌헨에 언제 한 번 오려나."

메히트힐트는 주전자를 불에 올려놓고 말했다.

"사라는 왜 갑자기 찾아?"

"너도 알다시피, 헤르더 교수님의 고향집에서 크리스마스 휴가 보냈을 때 사라가 뮌헨 오면 초밥 사준다고 약속해 놓고 아직 못 지켰잖아."

"그게 어디 네 잘못이니? 사라가 뮌헨에 한 번 들러야 약속을 지키든 말든 하지. 근데 뮌헨에 일식집이 있나?"

"찾아보면 있겠지 뭐. 뒤셀도르프에는 일식집이 분명히 있는데 말이야."

메히트힐트는 디저트와 녹차 두 잔을 만들어 소파 앞의 탁자 위에 갖다놓고 자기도 나란히 앉았다.

“내 논문은 어때?” 나는 차를 마시며 물었다.

“아주 새롭고 훌륭한데. 고칠 것도 별로 없던데 뭐. 테마가 헤르더 교수님의 마음에 딱 들겠더라. 하기야 네가 무슨 주제를 택하든 받아주겠지만……”

차를 마신 후 그녀는 수화기를 들고 나를 쳐다보면서 버튼을 눌렀다.

“사라, 안녕! 메히트힐트. 어떻게 지내?”

메히트힐트는 고개를 끄떡이며 한참 듣고 있더니만 “지금은 어떠셔?”라고 되물었다. 그리고 얼마 후 “다행이다.”며 위로하는 듯했다.

“가이가 우리 집에 와 있어. 내 옆에 있는데 너랑 통화하고 싶대.”

메히트힐트는 수화기를 내게 건네줬다.

“사라, 오랜만이야. 언제 뮌헨에 한 번 올 건데?”

사라는 학기가 시작되면 아버지 따라 뮌헨에 한 번 오겠다고 대답했다. 애틋한 목소리가 어쩐지 슬프게 들렸다. 우리는 여름 바캉스에 대해 이야기를 나누고 끊었다. 메히트힐트가 옆에서 물었다.

“바캉스 갔다 왔대?”

“응. 스위스에서 휴가를 보낸 후 돌아오는 길에 장크트 갈렌(Sankt Gallen)시(市)에 거주하는 고모 집에 들렀대. 그런데 무슨 일이 있어? 사라 목소리가 그리 밝지 못하던데…… 우수어린 목소리랄까.” 나는 미심쩍은 얼굴을 하고 물었다.

“응. 헤르더 교수님의 건강이 좋지 않으신 모양이야. 1주일간 병원에 입원하셨다가 얼마 전에 퇴원하여 집에서 쉬고 계신가봐.”

“건강이 왜 안 좋으신데?”

“나도 정확히 몰라. 과로겠지.”

은근히 걱정이 되었다.

나는 창작물과 논문을 받아 가지고 가방 속에 챙겨 넣고 떠날 채비를 했다. 역으로 가는 도중에 그녀가 창작물에 관해 언급했다. 도움이 필요하면 언제든지 연락하라며 결코 글쓰기는 포기하지 말라는 것이었다. 나는 알았다는 뜻으로 고개만 끄덕였다.

열차에 오르기 전에 다시 만날 날을 기약하듯 나는 그녀를 가볍게 포옹하며 말했다.

"정말 고마워. 언제 뮌헨에 한 번 놀러 와라."

그때 차장이 역무원의 발차신호를 받기 위해 몸을 기관실 밖으로 쑥 내밀었다. 역무원이 빨간 신호봉을 흔들기 직전이었다. 그녀는 알았다며 어서 올라타라고 재촉했다. 나는 발판을 딛고 올라가서 자리에 앉았다. 그리고 창밖을 내다보며 그녀에게 손을 흔들어 보였다. 그녀도 미소를 지으며 손을 마주 흔들었다. 앞으로 내가 얼마나 자주 손을 흔들어야 하나? 심히 염려되었다.

열차가 플랫폼을 들어설 때처럼 떠날 때도 썰물 빠지듯 서서히 미끄러지듯 빠져나갔다. 자꾸 눈물이 글썽글썽했다. 마치 그녀를 영원히 못 볼 것처럼 말이다. 여하튼 짧은 이별이든 긴 이별이든 좋은 친구와 헤어지니 어쩐지 마음이 울적했다. 그녀가 "자고 갈래?" 하고 물었을 때 나는 왜 자고 가겠다고 말하지 못했을까. 그녀의 속뜻을 넌지시 한 번 떠보는 것도 재밌었을 텐데…… 하지만 그녀가 내 의중을 육감으로 정확히 알아차리고 그렇게 물었었을 것이다. 여자의 육감! 그녀는 조신하게 행동하는 여자임엔 틀림없었다. 열차는 점점 속도를 내며 어둠 속으로 달아났다. 올 때는 바깥 구경하느라 무료한 시간을 잘 때웠었는데, 갈 때는 어두움 뿐, 물체의 그림자만 유리창을 스쳐지나갔다. 암흑은 마치 끝없는 터널이나 다름없었다.

크리스마스, 가을, 그리고 황혼

'성 베네딕트 기숙사' 사감 로후스 신부는 뮌헨에 도착한 첫날부터 독일에 대해 아직 아무것도 모르는 내게 마치 후견인인 양 여러모로 도움을 주셨다. 그래선지 몇 년 후 기숙사 생활을 마감하고 자취방을 얻어 이사할 때 나는 작별을 못내 아쉬워했다. 크리스마스가 가까이 다가오면, 나는 인사차 으레 신부님의 사무실에 들르곤 했다. 이번에도 우리는 마주 앉아 차를 마셨다.

"금년 크리스마스 휴가계획은 세워뒀소?" 신부가 먼저 말문을 열었다.

로후스 신부가 휴가철이 다가올 때마다 으레 던지는 질문이었다. 신부는 독일가족을 소개해 줄 테니 가족과 함께 휴가를 보내라고 권한 적이 한두 번이 아니었다. 그러나 아직까지 단 한 번도 신부가 주선한 가족초대에 응하지 못했다. 휴가 때가 되면 매번 독일친구들의 초청을 받아 어디론가 떠났기 때문이다. 금년 크리스마스엔 아무 계획도 없어 로후스 신부가 어떤 가족이든 주선만 해주면 나는 응할 참이었다.

"아니오. 아직은. 작년 이맘때쯤 신부님이 얘기하셨던 트롤씨 가족의 초청은 아직도 유효합니까?"

"암, 유효하다마다. 며칠 전에도 트롤 부인으로부터 인사차 전화가 왔던데…… 왜요? 거기서 휴가를 보내고 싶어요?"

"네. 하지만 혼자 가기가……" 나는 말끝을 흐렸다.

"혼자면 어때요? 자녀도 없는 중년부부와 함께 셋이 오붓하게 지내면 더욱 단란한 가족적 분위기도 느낄 수 있을 테고…… 좀 좋아!"

"네에에……"

"반가워할 거예요 트롤 가족의 주소와 전화번호는 알고 있죠?"

"네. 제가 직접 연락하겠습니다."

나는 집에 와서 바이에른 북동쪽에 위치한 아주 작은 B마을에 사는 트롤 부인에게 감사편지부터 친절히 써서 보냈다.

그리고 12월에 접어들었고, 곧이어 크리스마스가 가까이 다가왔다. 나는 트롤 부인에게 전화를 걸어 도착일시를 알려줬다. 그녀는 나의 편지를 받고 반가웠다며 교통이 불편한 시골마을을 잘 찾아올 수 있겠느냐며 염려스런 듯 물었다. 나는 미리 지도와 열차운행표를 참고하여 가는 길을 잘 공부해 뒀다며 염려하지 마시라고 안심시켰다.

다시 독일지도를 펴놓고 마을의 위치를 찾아 뮌헨에서 얼마나 먼 거리인지 알아봤다. 급행열차로 뮌헨을 출발하여 일단 레겐스부르크에 도착한다. 레겐스부르크에서 슈반도르프 행의 완행열차로 갈아탄다. 슈반도르프에 도착하면 한번 더 목적지로 향한 열차로 갈아탄다. 그러니까 기차를 두 번 갈아타는 셈이었다. 뮌헨에서 레겐스부르크까지는 급행열차가 1시간 간격으로 운행하기 때문에 문제될 게 없었지만, 레겐스부르크에서 목적지를 향해 출발하는 환승 열차는 완행에다 우회하기 때문에 실로 불편하고 번거롭기 짝이 없었다. B마을과 레겐스부르크 간의 거리는 7, 80km가까이 되어 보였다.

크리스마스이브, 이른 오후 뮌헨을 떠났다. 레겐스부르크에서 완행열차를 갈아타고 시골길을 여행하니 그 7, 80km 가량의 거리가 뮌헨부터 베를린까지의 거리보다 더 멀게 느껴졌다. 바깥풍경을 구경하며 무료한 감정을 달랠 수밖에 없었다. 바이에른 북부지방은 울창한 숲이 많고, 남부지방은 호수가 많다. 열차는 몇 시간을 거북이걸음으로 느릿느릿 가다말다 반복을 거듭한 끝에 마침내 B마을 역에 멈춰 섰다. 열차에서 내린 승객들 중 동양인은 나밖에 없었다. 천천히 역사 쪽으로 걸어갔다. 시골인데도 크리스마스 휴가라 그런지 역사 바깥 주변에 꽤 많은 사람이 마중 나와 기다리고 있었다. 나는 그 중 누가 트롤 부인인지 알 리가 없었다. 그쪽에서 먼저 다가와서 스스로를 소개하지 않는 한. 근데 한 여인이 유난히 눈에 띄었다. 여인은 매서운 겨울바람으로부터 머리를 보호하기 위해 모자를 쓰고 있었다. 그리고 나를 보고 명랑한 미소를 보냈다. 나는 그 여인이 트롤 부인임을 직감하고 가까이 다가가서 인사했다. 우리는 다정하게 악수했다.

한산한 거리에 위치한 시골집은 저택이라 불릴 만큼 큰 2층집이었다. 현관에 들어서자 검은 셰퍼드 한 마리가 트롤 부인을 보고 꼬리를 흔들며 뛰어올랐다. 한 50대 남자가 뒤따라 나타났다. 그는 자기소개를 한 다음 악수를 청했다. 나는 사실 남편을 처음 보고 실망했다. 남편은 독일사람 치고는 너무 키가 작았고, 손은 – 악수할 때 느껴서 알았지만 – 거칠고 투박했다. 체구는 다부지게 보였다. 약간 툭 튀어나온 눈은 영락없는 두꺼비눈과 다를 바 없었다. 나는 부인이 무엇에 홀려 두꺼비 같은 그를 – 나중에 속으로 그를 '두꺼비' 남편이라고 불렀다 – 남편으로 택했는지 궁금했다. 남편은 목재업을 운영한다고 하니 장사꾼임에 틀림없었다. 아마 수완이 남다르다 보니 돈도 많이 버는 모양이었다. 트롤 부부는 아직까지 가부장제(家父長制)를 고스란히 이어받는 인상을 줬다. 그것도 아내가 남편에게 경제적으로 의지할 수밖에 없는 처지라면 더더욱 그랬다. 그러니까 가부장제의 존속이냐 아니냐의 문제는 앞으로 누가 경제권을 장악하느냐에 달려 있다. 우리 아버지 또는 할아버지 세대의 남자들처럼 남편이란 작자가 아랫목에 앉아 호령이나 일삼는다면 부부간의 평등은 요원하다. 그런 가정에는 평화는 있되 행복은 없다. 트롤씨가 경제권을 휘두르고 권위를 내세워 아내를 다스리는 유형의 남편은 아닐까 하고 생각했다. 왜 남의 집안일에 참견이냐고? 글쎄다, 아마 부인을 감싸주고 싶어서? 오늘날의 기혼녀는 이제라도 늦지 않으니 숨은 개성과 재능을 살려 자기에게 알맞는 전문직에 종사하여, 그것도 여의찮으면, 자유업을 개척하여 자체 경제적 기반을 다져놓아야 동권(同權)을 누릴 수 있지 않을까.

우리는 저녁식사를 마치고 아늑한 거실로 자리를 옮겨 불꽃이 넘실거리는 벽난로 앞의 소파에 둘러앉아 화이트와인을 마셨다. 트롤씨는 장사꾼에다 이야기꾼이었다. 그는 젊을 때 제2차 대전에 참여하여 겪은 체험담을 늘어놓았다. 어느 날 동료들과 함께 적군에 포위되어 몇 주간 벙커에 꼼짝없이 갇힌 상태에서 휴대식량도 완전히 소모되고 식량보급도 끊어져 이러다가 굶어죽게 될지 모른다는 절박감과 공포에 떨었다고 고백했다. 그래서 한밤중에 몰래 살금살금 들판으로 기어나가 들고양이를 잡아 구워먹고 겨우 살아남았다는 것이었다. 이야기 와중에 온갖 제스처와 험상궂은 인상을 쓰는 바람에 나는 웃음을 참을 수가 없었다. 트롤 부인이 듣고 있다가 거룩한 밤에 소름끼치는 전쟁이야기밖에 없느냐고 불평했다.

"정가이씨는 참혹한 전쟁을 체험하지 못해 봤죠?" 남편은 부인의 말에 아랑곳하지 않고 물었다.

"아니오. 그 점에선 행운아예요." 나는 짤막하게 답했다.

"행운아인지 뭔지는 모르겠지만 진정한 자유인은 못되겠군요. 삶과 죽음이 교차하는 전쟁터를 직접 목격하지 않고서는 자유의 소중함을 느낄 순 없거든요."

그의 말이 맞는지도 모른다고 생각했다. 그러나 전쟁이 없으면 평화와 자유도 없다는 소리로 들려 과히 역설적이지 않을 수 없었다. 나는 거의 자정이 다 돼서야 인사하고 2층 손님방으로 올라가서 크리스마스 선물로 받은 휴대용 가방을 열어보았다. 서류뭉치와 책 몇 권을 넣을 만한 공간이 있는 멋진 가죽 가방이었다. 나는 선물로 무엇을 줬는지 아예 기억이 없다. 별것 아닌 것을 선물했으니 기억 못하지 않나 싶다. 보잘것없는 것이라도 똑똑히 기억할 수도 있고 중요한 것이라도 쉽게 잊어버릴 수도 있다. 그때 나는 아마 트롤 부인의 선물을 더 마음에 뒀던 것인지도 모른다. 양서(良書)를 가방에 넣어 다니다가 짬이 나면 읽으라는 그녀의 친절한 주문도 새겨들었기에 그 당부까지도 고이 기억에 남아 있다.

다음 날 아침에 일찍 눈을 떴다. 잠결에 무슨 소리가 은은히 들려왔다. 마치 트롤 부인이 부르는 소리 같았다. 꿈을 꾸었나? 크리스마스 전야의 분위기에 휩쓸려 포도주를 과하게 마셨기에 정신이 아직 몽롱한 상태였다. 나는 창문을 열어 밖을 내다봤다. 차가운 공기가 내 뺨을 스쳐지나갔다. 간밤에 함박눈이 쏟아져 앙상한 겨울 나뭇가지에 눈꽃이 온통 피어 있었다. 찬 기운을 한껏 들이마셨더니 정신이 맑아졌다. 창문을 도로 닫았다. 샤워를 하고 나서 풀오버에 두툼한 웃옷을 걸치고 밖으로 나가서 현관문 앞과 앞마당에 소복이 쌓인 눈을 삽으로 긁어모아 빗자루로 쓸었다.

트롤 부인은 벌써 일어나서 부엌에서 아침을 준비하고 있었다. 얼마 후 현관 밖에 있는 나를 목격하고 부인은 부엌 창문을 두드리며 불렀다. 나는 고개를 끄덕이고는 문간에서 옷과 신발을 털고 들어갔다.

"메리 크리스마스! 아, 그윽한 커피향기! 정말 맛있겠다!" 하고 나는 명랑하게 부르짖었다.

"가이씨, 감기 들면 난 몰라! 간밤에 술을 많이 마셨으면 늦게까지 푹 자지 않고 이른 아침부터 일어나서 삽과 빗자루를 들고 대체 어쩌자는 건데? 가이씨는 우리 집 손님이에요. 쉬려고 온 거 아네요?"

"눈 쓸기 운동은 건강에 좋아요."

나는 아침을 차려놓은 식탁에 앉았다. 트롤 부인이 커피포트를 가져와서 따라줬다.

“트롤 부인, 저는 아침에 커피 마실 때가 제일 기분이 좋아요.”

“그래요?”

트롤 부인은 자기 잔에도 커피를 따랐다. 나는 보리빵에 버터와 마멀레이드를 듬뿍 발라 베어 먹었다. 트롤 부인은 나와 마주앉아 커피를 홀짝홀짝 마셨다.

“안 잡수세요?” 나는 혼자 먹기가 미안해서 물었다.

“응, 난 벌써 빵 한 조각 먹었어요. 아침엔 빵 한 조각과 커피 한 잔으로 족해요.”

“몸매를 날씬하게 유지하기 위해 다이어트를 하시는 겁니까?” 나는 아침부터 짓궂은 질문을 했다.

그녀는 나의 질문을 그냥 웃어넘겼다.

트롤 부인은 ‘두꺼비’ 남편보다 키도 크고 얼굴에 잡티도 별로 없이 맑고 깨끗했다. 특히 안경을 끼고 있을 때는 지적 이미지가 물씬 풍겼다. 안경 너머로 보내는 눈길은 또 어떻고…… 가슴이 뜨끔했다.

“이 큰 저택을 다 어떻게 관리하세요?”

“집안 청소와 세탁은 가정부가 1주일에 세 번 와서 도와주고, 그때그때 먹고 난 뒤의 음식그릇은 식기 세척기가 깨끗이 씻어주면 설거지는 그것으로 끝이고, 장은 나 혼자 가서 봐 오기도 하고 가정부가 오는 날이면 같이 가서 봐 오기도 하고, 마구간과 헛간은 이웃 아저씨가 도와주고……”

그때 남편이 들어왔다.

“정가이씨는 일찍 일어났네.” 트롤씨가 식탁에 앉으면서 말했다.

“일찍 일어나서 마당과 현관 앞에 쌓인 눈도 말끔히 쓸었거든요.”

트롤 부인이 일어서서 남편의 잔에 커피를 따라주고 다시 앉았다. 나는 오뚝이처럼 앉아 있는 당닭만한 남편을 쳐다보았다. 조막손인가? 자기가 따라

마시면 안 되나?

"그래요? 아침 눈은 보통 내가 치우는데…… 고마워요. 오늘 가이씨와 함께 마을로 내려가서 구경이나 시켜주지 그러오?"

"그럴 거예요. 하지만 구경거리가 있어야 뭘 보여주죠."

"농촌은 자연과 더불어 살고, 도시는 문명과 더불어 살아요. 우리 마을엔 다양한 문화시설은 없지만 아름다운 자연이 있다는 게 자랑거리오. 아 참! 조용한 시골에서 승마를 즐기는 것도 괜찮겠다. 가이씨, 말 탈줄 알아요?"

남편은 빵에 햄과 소시지를 넣어 나이프로 잘라서 반 조각을 집어서 입에 넣었다.

"아니오. 미국에서 한 번 시험 삼아 타보긴 했습니다만. 말 등에 앉아 어설프게 몸 균형을 맞추다가 그만 신발 한 짝이 벗겨져 개울에 빠트린 적도 있는 걸요."

"저런! 이왕이면 정식으로 말 타는 법을 배워두는 것도 좋은 경험이오. 안 그래요, 여보?" 남편은 부인을 바라보며 말했다.

부인이 승마운동을 하며 몸매를 다지나? 하고 나는 자문했다.

"글쎄. 길바닥이 빙판에다 들판에 눈이 쌓여 말 타기에는 위험해요."

"그렇군, 뒤뜰에서 왔다 갔다 하면 안 될까?"

트롤씨가 왠지 너그럽고 친절하게 느껴졌다. 트롤 부인은 잠자코 있었다. 나는 그녀에게 부담을 주지 않기 위해 사양의 뜻을 표했다.

"괜찮아요. 눈 속을 걷는 산책이 더 좋습니다. 또 낭만적이고요."

트롤씨는 빵 한 조각을 더 먹고 나서 혼잣말하듯 했다.

"휴가가 빨리 지나갔으면 좋겠어. 난, 집에서 노는 것 지겹거든."

"당신은 돈 버는 재미로 살잖아요." 트롤 부인은 남편을 힐끗 쳐다보고 불만 섞인 말투로 응수했다.

"가이씨, 지금 아내가 불평을 털어놓는데 왠지 알아요? 예술에 내가 너무 관심이 없다나. 허허, 나, 원 참…… 설사 아내가 혼자 이웃 도시로 오페라나 연극을 관람하기 위해 나들이 간다 해도 난 상관하지 않을 텐데."

남편은 돈 버는 데에 정신이 팔려 부인이 애인을 따로 둬도 관대히 눈감아 줄 것 같았다.

"부군께서 에스코트를 하셔야지오." 나는 부인의 편을 들었다.

"에스코트하는 것은 문제없지만 극장에 앉아 있기가 곤혹스럽기 짝이 없거든요. 막이 오르자마자 졸음이 마구 쏟아져서……"

트롤 부인은 그의 말을 끊었다.

"어느 날 저녁은 코까지 골아 톡톡히 망신을 당했지 뭐예요."

"여보, 그것까지 꼭 폭로해야만 직성이 풀려요?"

"코를 고는 당신에게 바흐의 '커피 칸타타'를 들려줬다면 그 효험이 상당했을 텐데 말예요. 커피 생각만 해도 그렇거니와 그보다 아버지와 딸과의 커피 싸움에 졸음이 싹 가셨을 테니까."

"더 망신당하기 전에 자리를 떠야겠다."

트롤씨는 손님 앞에서 아내의 놀림에 감히 화를 낼 수는 없었다. 그래서 머쓱하여 머리를 긁적이고 자리에서 일어나서 2층으로 올라갔다.

아침 식사가 끝나자, 부인은 그릇을 모두 세척기에 집어넣고는 나를 마구간으로 데리고 갔다. 두 칸으로 나눈 마방에 말 두 필이 얌전히 쉬고 있었다. 하나는 백마였고, 다른 하나는 흑마였다. 빛깔이 검은 말이 윤기가 나고 멋져 보였다. 마구간에 가까이 가자 말똥과 퇴비 냄새가 났다. 그러나 냄새가 역겹지가 않고 자연 그 자체라고 여기니 봄에 부는 따스한 자연풍처럼 느껴졌다. 나는 그 훈훈한 공기를 건초냄새와 더불어 한껏 들이쉬었다. 마구간 옆에는 헛간이 있었다. 헛간에는 건초더미, 사료, 길쭉길쭉하게 짜개놓은 장작과 통나무가 잔뜩 쌓여 있었다. 목재업을 하니 나무는 많이 켜서 모아 놨다. 벽난로를 피우는데 쓸 땔감이었다. 나중에 시간 있으면 운동도 할 겸 장작이나 패볼까?

나는 흑마의 이마를 쓰다듬고 싶었다. 손을 내밀까 말까 주저하자, 녀석이 경계태세를 취했다. 내가 무섭나? 왜 그래? 녀석은 고개를 치켜들고 '히힝' 소리 내고 발굽을 몇 번 구르며 뒷걸음질을 쳤다. 나도 무서워서 부르짖었다.

"트롤 부인, 저 녀석이 날 싫어하는가 봐요."

트롤 부인이 다가가자, 그 검은 빛깔의 말은 얼굴을 내밀고 귀를 쫑긋 세워 다시 몇 걸음 앞으로 내딛었다. 옆 칸에 있는 흰말은 눈을 또렷하게 뜨고 얌전히 앞을 바라보고 있었다.

"응, 가이씨가 낯서니까 그런가 봐. 손바닥에 당근, 과일 등을 얹어서 찬찬히 다가가서 먹이고 대화를 걸면 쉽게 사귈 수 있어요. 백마의 이름은 '카스토르', 흑마의 이름은 '폴룩스.' 그리스 신화의 쌍둥이 형제 이름을 땄어요. 알아 뒀다가 앞으로 그렇게 불러 봐요!"

부인은 말의 갈기와 목덜미 그리고 긴 콧잔등을 쓰다듬었다.

"멋진 이름이에요. 종(種) 이름은 뭐예요?"

"하노버 종. 승마용이에요. 날씨가 좀 풀리고 눈이 녹으면 가이씨도 시험 삼아 한 번 타 봐요. 가르쳐 줄게요."

"그래도 돼요?"

"응. 넘어지지나 말고요. 오늘은 '솔로몬'을 데리고 산책이나 해요."

'솔로몬'은 셰퍼드 이름이었다. 트롤 부인이 '솔로몬,' 하고 휘파람을 불었다. 셰퍼드가 순식간에 달려왔다. 우리는 눈 덮인 들판을 가로질러 눈꽃이 만개한 숲 속을 거닐었다. '솔로몬'이 앞장서서 길잡이 노릇을 했다. 트롤 부인은 자기 팔을 나의 겨드랑이에 끼었다. 그래야 미끄러져도 넘어지지 않는다는 게 그녀의 변이었다. 눈과 얼음이 엷게 덮인 개울이 나타났다. 날씨가 따스했으면 졸졸 흐르는 물줄기를 구경할 수 있었을 것이다.

"독일은 숲과 더불어 물이 쉴 새 없이 흐르는 개울이 많아서 참 좋다." 하고 나는 부르짖었다.

그때 내가 메히트힐트에게 '바이에른 지방은 호수가 많아서 참 좋다.' 하고 그 비슷한 말을 했던 생각이 났다.

우리는 개울가를 따라 걸었다. 얼음 밑에 물이 졸졸 흘렀다. 나는 '솔로몬'을 따라잡느라 경사진 곳을 쫓아 내려가다 미끄러질 뻔했다. 트롤 부인은 그 광경을 보고 깜짝 놀라 발을 헛디디어 넘어졌다. 마침 부인이 내 옆을 미끄러져 내려가는 바람에 나는 눈 바닥에 주저앉아 그녀를 두 손으로 꽉 붙잡았다. 그렇지 않았으면 개울의 얼음을 깨고 물 속에 풍덩 빠졌을 것이다. 부인이 넘어졌을 때 다리를 다치지는 않았나, 하고 걱정했다. 다행히 눈이 많이 쌓여 다친 데는 없었다. 자칫 나무그루터기나 바위에 부딪쳤더라면 큰 상처를 입을 뻔했다. '솔로몬'이 달려와서 주인이 무사하다는 것을 알고 꼬리를 흔들어댔다. 나는 일어나서 트롤 부인을 일으켰다. 그러자 그녀는 오른손에 낀 털장갑을 벗고서는 손바닥으로 다정하게 내 얼굴에 묻은 눈을 쓸어냈다.

"내 손은 차가운데 가이씨의 낯은 화끈거리네."

왜 그럴까? 아닌 게 아니라 나는 낯이 불그스레하게 타오르며 화끈거리는 느낌을 받았다.

"이제부터 내 팔을 꼭 붙들고 가요. 넘어지지 않게." 부인이 타일렀다.

나는 부인이 팔을 먼저 뺐다고 상기시켜주고 싶었지만 아무 말도 하지 않았다. 우리는 다시 팔짱을 끼고 다른 오솔길을 택하여 집으로 천천히 걸어서 돌아왔다.

다음 날 오후 트롤 부인은 나를 데리고 소도시 캄(Cham)에 거주하는 친구 집을 방문했다. 자동차로 한 시간 거리쯤 되었을까. 트롤 부인이 친구 고쓰 부인에게 전화로 나에 관해 이미 얘기해 두었다는 것이다. 그래서 초대가 이뤄졌다고 등등……

고쓰 부인은 의상디자이너였다. 시내 중심지에 위치한 가게는 아담한 2층집. 1층은 부티크, 2층은 살림집. 마침 시집간 딸이 휴가 차 친정집에 와 있었다. 남자들은 코빼기도 안보였다. 식사 도중 얘기하는 사람은 나밖에 없었다. 트롤 부인이 가끔 대화에 끼어들었지만…… 주인마담이 독일어를 어쩌면 그토록 '환상적'으로 잘 하느냐며 나를 극찬했다. 나는 결코 독일어를 썩 잘한다고 생각하지 않았다. 딸은 나와 인사한 후론 한 번도 입을 떼지 않았다. 핏기 없이 창백하고 우울해 보였다. 나는 주로 유학생활에 관해 얘기했는데 혼자 떠들다가 지쳐버렸다. 게다가 포도주를 곁들였더니 몸이 나른해지기 시작했다. 밤 10시가 넘어서야 우리는 자리를 떴다. 계단을 내려가는데 마담이 우리를 1층 가게로 안내했다. 값비싼 최신 유행의 의상, 다양한 색상의 재킷, 니트, 블라우스, 스커트, 속옷, 나이트가운 등 유명 여성의류가 잔뜩 진열돼 있었다. 트롤 부인은 할인가로 드레스 한 벌을 구입하고 선물로 실크스카프 하나를 받았다.

"밤 운전 조심해라, 안니!" 주인 마담은 '침묵'의 딸과 함께 집 앞 도로까지 나와 배웅하며 말했다.

트롤 부인의 이름이 안니였다. 안니 트롤!

"믿음직한 젊은이가 옆에 있잖아. 염려 마라!" 하면서 트롤 부인은 운전석에 올랐다.

나도 작별인사를 하고 차에 올라타고 차창을 반쯤 내렸다. 찬바람이 불었다. 바람을 좀 쐬었더니 정신이 났다. 차창을 다시 올렸다.

"포도주는 저 혼자 마셨네."

"괜찮아요?"

"네. 이름이 안니에요?"

"응. 안나의 애칭. 안니나 안나라고 불러요."

"아니에요."

"선물 받은 스카프는 가이씨가 가져요. 나중에 여자친구한테 선물할 일 있을지 누가 알아요!"

"아니에요."

늦은 밤에 깜깜한 시골길을 외롭게 달리니 약간 무섭기도 했다. 전조등 속에 누가 돌연 출몰하면 어떡하지! 허깨비 같은 것 말이야. 트롤 부인이 내게로 잠시 시선을 돌렸다.

"가이씨는, 혹시 귀신같은 것은 안 믿겠죠? 노래 한 곡 불러 봐요."

"저, 못해요."

"아까 내가 구입한 옷 어때요?"

"멋지던데요. 그 드레시한 옷 입고 오페라 구경 가시게요?"

"응. 뮌헨 갈 때 입고 가려고."

"미리 연락 주세요. 표를 예매해 놓을게요."

"표는 여기서 예매해도 상관없어요."

"아니에요. 그만한 돈은 있어요."

"학생이 무슨 돈이 있다구?"

"음악과 문학에 관심이 많으신가 봐요."

"응. 그리고 짬이 나면 그림도 좀 그려요."

"네? 그림도 그리세요?" 나는 그 말에 감격하여 소리쳤다.

"아마추어 수준일 뿐, 별것 아니에요."

"그래도 화실을 한 번 보고 싶어요."

"화실 같은 것은 없고, 그냥 서재에서 취미로 붓끝을 놀리며 습작할 뿐이에요. 지금까지 완성한 작품이라곤 한 점도 없어요."

"뭘 소재로 그리세요?"

"주로 정물(靜物)이나 동물, 즉 말, 고양이, 개 등등. 가이씨는 언제 한 번 독일어로 시를 지어보지 그래요? 명색이 문학이 전공인데……"

"저, 재능 없어요. 독일어 실력도 부족하구요. 그래도 경구 같은 짧은 시 하나 보내드릴 수 있을 것 같아요. 비웃지나 마세요."

"정말? 귀엽군!" 하고 그녀가 속삭였다.

그 동안 날씨가 좋지 않아 승마를 타 보지 못했다. 크리스마스가 끝난 후부터는 날씨도 따스하고 얼음과 눈도 많이 녹아 야외에서 운동하기엔 별 지장이 없었다.

크리스마스 휴일이 끝난 27일에 일찍 일어나서 뒤뜰의 헛간에 갔다. 나는 사료를 손수레에 싣고 양동이로 물을 길어 와서 각각 먹이통과 물통에 담아 넣어 '카스토르'와 '폴룩스'에게 먹였다. 이름을 불러 봤다. 두 마리는 귀를 활발히 놀리고 얼굴을 내밀었다. 마구간 청소는 누가 하나? 이웃 아저씨가 품앗이로 도와준다 하지 않더냐. 트롤씨는 매달 일정액의 생활비만 챙겨줄 뿐 집안일엔 일체 신경 쓰지 않은 듯싶었다. 나라도 이곳에 머무는 동안 트롤 부인을 도와줘야겠다고 생각했다.

나는 헛간에 들어가서 운동 삼아 도끼로 장작을 패기 시작했다. 장작 패는 일은 나로선 생전에 처음 해보는 노동이었다. 웬만한 더위에도 좀체 땀을 흘리지 않는데, 이날 아침은 예외였다. 나는 마지막 남은 장작 하나를 패다가 힘에 부쳐 도끼를 놓아버렸다. 동시에 "아유" 하고 소리를 질렀다. 도끼가 발등 옆에 떨어져 다행히 다치지는 않았다. 트롤 부인은 밖에서 들려온 외침소리를 듣고 주방에서 달려 나왔다.

"가이씨, 왜 그래요?"

"아무 것도 아니에요. 운동 좀 하느라구요."

부인이 내 얼굴을 보고 놀랐다. 통나무를 쪼갤 때 나무 조각 하나가 튕겨 올라 이마에 부딪친 것 같았다. 하지만 나는 아무 것도 느끼지 못했다. 피가 약간 났다. 부인은 까딱 잘못했으면 눈을 다칠뻔 했다며 앞으로 시키지 않는 일은 절대 하지마라 달라고 당부했다. 그녀는 부엌 서랍에서 약상자를 끄집어낸 다음 뚜껑을 열어 이마의 찍힌 부위에 연고를 바르고 반창고를 붙여줬다.

"이제 얌전히 있어요. 그렇지 않으면 정말 화낼 거예요."

"네. 그렇지만 오늘 오후에 말은 타는 거죠?"

트롤 부인은 기가 막히는 듯 웃음으로 답을 대신했다. 트롤씨는 벌써 공장에 출근했는지 어디에서도 보이지 않았다.

나는 샤워를 하고 아침을 먹었다. 새벽운동을 하니 식욕이 돋았다. 커피 석 잔에다 롤빵을 세 개나 먹었다. 트롤 부인은 아침을 조금만 먹었다. 그녀는 내가 맛있게 먹는 것을 보고 흐뭇한 표정을 지었다. 사실 나는 먹성이 까다로운 편이었다. 독일 음식은 평범하다. 아침식사는 간소하다. 독일의 정찬은 점심이다. 부인은 우리나라 전병(煎餠)처럼 얇게 썰어 부친 고기에 과일과 야채 등을 얹어 만든 크레프 비슷한 간식을 만들어 줄 때도 있었다.

부인은 식기를 차례차례 세척기에 넣고 닫은 다음 버튼을 눌렀다. 모터소리.

"가이씨, 내가 부를 때까지 방에 들어가 쉬어요."

방에 들어가서 쉬었다. 허리와 어깨, 팔이 약간씩 쑤시기 시작했다. 너무 무리하지 않았나, 하고 걱정이 되었다. 고향에서 하지 않던 일을 타향에서 스스로 나서서 하니까 탈이 날 수밖에…… 오후에 승마연습도 못하면 어떡하지? 곧 잠에 빠져들었다. 얼마나 잤는지 모르겠지만 반나절은 훌쩍 지나갔다. 잠결에 트롤 부인의 목소리가 침실 밖에서 들려왔다. 그러나 나는 몸을 제대로 가누지 못했다. 어깨와 팔이 푹푹 쑤셔대는 바람에 일어나기는커녕 꼼짝도 못하고 끙끙 앓았다. 뒷목근육도 뻐근했다. 하지만 눈꺼풀이 무거워도 눈은 뜰 수가 있었다. 트롤 부인이 침실 문을 열고 침대 옆으로 다가와 모서리에 앉았다. 부인은 근심스러운 표정을 짓고 내 이마를 손으로 짚어봤다.

"몸살이 아닌지 모르겠다. 열도 있네. 끙끙 앓은 소리가 가냘프게 들리기에 혹시나 하고……"

"죄송해요. 아침에 무리를 한 모양이에요."

"하루 이틀 침대에 누워 있으면 괜찮아질 거예요."

"이틀이나요?"

"가이씨가 스스로 자초한 일이에요."

"알았어요. 오늘 오후 말 타는 것은 틀렸구나!" 나는 아쉬운 듯 소리쳤다.

"말 탈 기회는 얼마든지 있어요. 우선 강인한 체력부터 길러야겠어요. 알았죠?"

부인은 일어서서 문을 열어둔 채 나갔다. 잠시 후 그녀는 쇠고기 스튜와 햄 샌드위치를 담은 쟁반을 들고 다시 들어와서 침대 옆의 탁자 위에 놓았다.

"배고프죠? 점심시간이 훨씬 지났는데. 자, 어서 먹어요."

나는 스튜를 받아들고 떠먹었다.

"우리 남편이 가이씨가 장작을 패다 과로해서 앓아누웠다고 하니까 조속한 쾌유를 빈다고 전해 달래요. 뭐 특별히 필요한 게 없느냐고 하던데……"

"말씀 안 드리셔도 되는데."

나는 욕실과 부엌식당에 가는 것을 제외하곤 꼬박 하루를 침대에서 보냈다. 몸 상태가 한결 나아졌다. 나는 이마에 반창고가 아직 붙어 있는 것을 보고 떼어버렸다. 거울을 보니 아무 흉터도 없었다. 트롤 부인은 앞치마를 두른 채로 가정부와 함께 마구간 앞에서 말을 단장하고 있었다. 이웃 아저씨는 힘을 주어 무거운 안장을 단번에 번쩍 들어 올려 말의 등성마루에 깐 천과 쿠션 위에 장착했다.

나는 신문을 보려고 거실로 들어갔다, 옆방 문이 반쯤 열려 있기에 안을 들여다봤다. 그 방이 서재였다. 나는 호기심이 생겨 안으로 들어갔다. 서재가 거실보다 엄청 컸다. 장서가 서가에 가득 꽂혀 있었다. 트롤 부인은 대체 무슨 책을 읽나? 어디 한 번 보자. 한쪽 구석에 흩어져 있는 화포와 화구(畵具), 벽에 기대어 있는 그림 몇 점 등이 눈에 들어왔다. 그림들을 유심히 관찰했다. 정물화뿐 아니라 앞발을 쳐든 채 날아오를 듯 마주보고 서 있는 두 필의 말('카스토르'와 '폴룩스?')과 달리는 개('솔로몬?')의 그림. 어떻게 보면 마치 동심을 표현하는 순박한 그림 같았다. 아마추어의 순수한 손끝도 별로 나무랄 데가 없었다.

오후엔 기다리던 승마 시간이 왔다. 트롤 부인이 벌써 승마복을 입고 바깥에서 나를 불렀다. 나는 급히 간편한 옷을 챙겨 입고 현관으로 내려갔다. 현관엔 트롤 씨의 승마도구가 보였다. 부츠, 세무장갑, 헬멧. 부츠는 맞지 않았다. 그래도 신었다. 나는 '카스토르' 옆에 서서 이웃 아저씨와 이야기를 나누고 있는 트롤 부인에게 다가갔다.

그녀의 지시대로 나는 말을 끌고 가며 걷는 연습부터 했다. 고삐를 잡고 마당을 한 바퀴 돌았다. 그리고 말을 탈 때와 내릴 때의 요령, 기본자세 등을 익혔다.

"아저씨, 재갈을 잡고 가이씨를 올라타게 좀 도와줘요." 트롤 부인이 외쳤다.

아저씨가 재갈을 잡고 있는 동안 나는 두어 번 등자 위에 올라서는 시도 끝에 안장의 후교를 잡고 드디어 '폴룩스'의 안장에 걸터앉았다. 그리고 아저씨가 건네준 고삐를 왼손으로 잡고 오른손을 안장의 전교로 옮겨 짚었다.

"말의 배에 압박만 가하고 빨리 달리려고 발뒤꿈치로 배를 치지 마세요. 말이 놀라 뛰면 가이씨가 나뒹굴어질지 모를 테니 조심해요." 아저씨가 주의를 줬다.

"알았어요."

트롤 부인은 유연하게 '카스토르'의 등에 올라타고 자기 뒤를 따라오라고 명했다. 나는 양쪽 다리로 말의 배에 약간 압박을 가해 발진시켰다. 몸 전체가 흔들거리는 느낌을 받았다. 앞뒤로 상하로. 겨울풍경이 흔들렸다. 노 젓듯이 앞으로 쏠리지 않기 위해 말의 동작에 맞춰 가느라 애를 먹었다. 노 젓기? 갑자기 암머제 호수에서 노 젓는 생각이 났다. 이러다가 낙마하겠다. 노 젓는 것과 반대로 어깨의 힘을 빼고 무게 중심을 똑바로 내려가게 해라, 그래, 그렇지!

"어때요?" 트롤 부인이 뒤를 돌아보고 부르짖었다.

"공중에 뜬 기분이에요." 나도 따라 부르짖었다.

우리는 들판을 서너 바퀴 돌았다. 나는 평보, 경보 등과 같은 말 동작에 익숙해지는데 반나절을 다 보냈다. 그 후 트롤 부인에게서 보다 자세히 고삐 잡는 법, 발진, 정지, 회전시키는 기술을 배웠다. '따가닥 따가닥!' 하는 3박자 발굽소리가 마치 자연의 울림 같았다. 경속보, 속보, 구보, 권승(卷乘) 등은 고급기술을 요하니 혼자서 말을 탈 수 있게 되면 그때 가서 배우라는 것이었다. 여하튼 나는 말을 다시 한번 타본 것 만해도 대단히 만족스럽게 생각했다.

그날 저녁식사 때 나는 트롤씨에게 승마도구를 빌려줘서 감사하다고 인사했다.

"부츠는 잘 맞지 않을 텐데…… 혹시 말 타면서 부츠 한 짝이 벗겨져 계곡에 빠진 일은 없었어요?"

트롤씨는 지난번에 내가 한 말을 상기하듯 물었다.

"아니오. 이번에는 없었어요." 나는 경쾌히 대답하고 맥주 한 잔을 단숨에 들이켰다.

트롤 부인은 남편의 짓궂은 질문에 웃었다.

"계곡 근처에는 가지도 않았어요. 이상한 질문을 하시는구려!"

트롤 부인은 햄 한 조각과 샐러드만 먹었다.

"얼마나 배웠어요?" 트롤씨가 물었다.

"그냥 타는 법만 배웠어요."

"그것도 초보자로서 쉬운 일은 아닐 텐데…… 최소한 몇 날 몇 주는 꼬박 연습해야 말 탄다고 말할 수 있죠. 하기야 훌륭한 선생님이 가르쳐주셨으니 여부가 있겠어요! 여보, 수고했소! 그리고 피곤할 텐데, 저녁식사까지 준비하느라."

트롤씨는 맥주를 석 잔째 마셨다.

"가정부가 다 준비해 놓고 갔어요." 트롤 부인의 간결한 응답이었다.

나는 몹시 피곤했다. 트롤 부인도 오전에는 가정부와 이웃 아저씨의 도움으로 말을 단장하느라 바빴고, 오후에는 나를 가르치느라 애를 썼다. 그래서 그런지 매우 지쳐 보였다.

우리는 일찍 해산했다. 나는 위층 방으로 올라가서 책을 읽으려고 의자에 앉으려는데 엉덩이가 아프기 시작했다. 아이고, 또 뭐가 탈이 났나 보다. 나는 울부짖었다. 아파도 이를 악물고 꾹 참아라! 결국 잠이 아픔을 앗아갔다. 금세 잠에 곯아떨어졌다.

아침 늦은 시간까지 정신없이 잤다. 눈을 뜨고 겨우 정신을 차리자 볼기가 또 쑤시기 시작했다. 욕실로 들어가서 발가벗고 엉덩이와 회음부를 살펴보니 허벅살갗이 약간 벗어져 헐었다. 딱딱한 가죽 안장에 앉아 말의 반등을 자주 받았거나 경속보로 말을 탈 때 너무 허리를 들었다 내렸다 했기 때문에 엉덩이에 생채기가 났던 것이다. 적십자 표시가 그려진 약장을 열고 연고와 네모난 반창고를 꺼내어 세면대에 올려놓았다. 그리고 대충 샤워를 하고 나서 거울을 바닥에 놓고 살갗이 벗어진 부위를 보면서 약을 바르고 반창고를 붙였다. 나는 목욕가운을 걸치고 욕실 문을 열고 나오다가 계단에서 올라오는 트롤 부인과 마주쳤다. 아침인사를 하면서 나는 당황한 기색을 감추지 못했다. 마치 남의 물건을 훔치다가 들킨 사람처럼.

"아, 일어났군요. 괜찮아요?"

"네. 너무 깊은 잠에 빠져들어 제때 일어날 수가 없었나 봐요. 옷 갈아입고 내려갈게요."

"그래요 그럼."

하지만 부인은 거기에 그대로 서 있었다. 나도 부자연스러운 걸음걸이를 보여주기 싫어서 엉거주춤한 자세로 서 있었다.

"어서 가세요. 곧 내려갈게요." 나는 다시 한번 되풀이했다.

"그래요 그럼." 부인은 같은 말을 되풀이했다.

그녀는 계단을 내려가다가 한 번 뒤돌아봤다. 뭔가 낌새를 챘구나! 하고 나는 생각했다.

부엌에 들어서자 향긋한 요리냄새가 풍겼다. 빵과 잼, 소시지 등을 차려

놓은 식탁에 앉았다가 나는 바로 일어나서 손수 커피포트를 들고 내 잔에 따랐다. 맞은편에 빈 잔 하나가 더 있었다. 그래서 개수대 앞에 서서 일하고 있는 트롤 부인에게 말을 걸었다.

"커피 한 잔 하시겠어요, 트롤 부인?"

부인은 하던 일을 멈추고 뒤를 한 번 돌아보며 "그럴까!" 하면서 식탁으로 다가가서 맞은편에 앉았다. 나는 그녀의 잔에도 커피를 붓고 포트를 제자리에 갖다 놓은 다음 조심스럽게 앉았다. 트롤 부인은 잔을 입술에 갖다 댄 채 그 위로 나를 유심히 쳐다봤다. 나는 그녀의 시선을 피했다. 그런데도 그 푸른 눈빛이 내 안면에 머물고 있는 듯한 야릇한 느낌을 받아 낯은 물론 전신이 타는 듯 화끈거렸다. 침묵이 한순간 흘렀다. 부인이 한 모금 마시고 잔을 내려놓자마자 물었다.

"가이씨는 말을 오랜만에 타 봐서 둔부가 빼근하고 좀 아플 텐데. 정말 아무렇지도 않아요?"

알고 묻는데 어쩔쏘냐?

"좀 빼근하긴 해요." 나는 가벼운 상처인 양 말했다.

"약 발랐어요?"

"네. 아까 욕실에서요."

"어떻게 혼자서? 잘 볼 수도 없었을 텐데."

"거울을 가지고 상처 난 부위를 잘 살펴본 뒤 소독하고 가제를 얹어 반창고로 잘 붙였어요."

"도와 달라고 하지 않고."

"창피스럽게……" 나는 눈을 내리깔고 말을 잇지 못했다.

"병원에서 치료받으면 빨리 회복할 텐데."

"아니에요. 내일이면 완쾌될 거예요. 염려 마세요."

그녀는 커피를 마저 마셨다.

"말을 타는 동안 딱딱한 안장이 상처를 입혔을 거예요. 안장의 쿠션이 안 좋았나 봐요. 다음부턴 궁둥이를 요란하게 들썩이지 마세요. 둔부의 좌골과 회음부에 압박을 가하게 되면 또 생채기가 생기거든요."

'다음 번'은 없을 텐데, 하고 나는 속으로 말했다

"아침은 안 드세요?"

"먹었어요."

나는 부인에게 한 잔 더 따라 주려고 했더니 마다했다. 그래서 나만 한 잔 더 부어 마셨다. 그리고 빵 한 조각에 버터와 잼을 발라먹었다.

"어제 서재에서 그림 봤어요."

"그래요?"

"그림에 관한 한 무식을 면치 못하지만, 제가 보기엔 그림 솜씨가 아마추어 수준을 훨씬 뛰어넘어선 것 같은데요."

안나는 미소를 띠었다. 그 미소가 '네 말은 안 믿어'라고 암시하는 듯했다.

신년 이튿날엔 뮌헨으로 돌아가야 했다. 작별은 언제나 아쉬웠다. 그것이 안나와, 안나의 집, '카스토르'와 '폴룩스,' '솔로몬' 등과 관련이 있다면 더더욱 그럴 것이었다. 나는 집에서 트롤씨와 작별인사를 나눴고, 역까지 차로 배웅한 트롤 부인과 아쉬운 작별을 했다. 작별할 때 안나는 나를 한 번 꼭 안아줬다.

뮌헨에 돌아와서 여행 가방을 정리했다. 나는 놀랍게도 예쁘게 포장한 실크스카프와 파울 첼란의 시집을 발견했다. 시집은 새로 출간되었는지 장정이 산뜻하고 견고한 전 2권이었다. 실크스카프는 디자이너 친구 집에 놀러갔다가 밤늦게 돌아오는 도중에 트롤 부인이 내게 주겠다던 그 스카프였다. 브랜드를 보니 프랑스 유명제품인 셀린느였다. 내가 사양했는데도 안나는 스카프를 몰래 가방 속에 집어넣었던 것이다. 누구한테 선물할까? 메히트힐트? 사라? 나는 시집 제1권의 표지를 펼쳤다. 그녀의 이름과 함께 날짜가 적혀 있었다. 필체가 그림의 흔적을 남기듯 춤을 췄다.

며칠 후 안나에게 긴 감사의 편지를 썼다. 그리고 어디든 여행을 떠날 때면 그곳에서 어김없이 그림엽서를 그녀에게 띄웠다. 그리고 약속대로 짧은 시 한 편을 지어 보냈다. 그것도 신중을 거듭한 끝에 보냈다. 그리고 그 후 두 번째 시를 지어 보냈다. 한동안 사본을 간직하고 있다가 무슨 이유에서인지 원문과 사본 전부를 폐기해버렸다. 안나에게 보낸 편지사본도 모조리 함께. 한데 참 우습다. 작가로 자처하는 인간은 하나같이 위선자요 과대망상증 환자다. 자신의 얘기 속에 1%의 진실이 숨어 있다면, 그것을 100배로 과대 포장하는 게 작가의 속성이기 때문이다.

안나는 내 습작을 읽고 과연 어떻게 생각했을까? 내가 띄운 편지와 엽서에 응답이나 해올까? 안나는 시, 편지, 카드 등을 받아보고 실로 기뻐했다. 답장내용이 그것을 말해 주고 있기 때문이었다. 실례를 무릅쓰고 편지 일부를 여기에 소개한다. (원문은 부록 II 참조)

가이씨, 가이씨!!!

B_____, 196X년 6월 27일

친절하게 많은 편지를 보냈더군요. 편지를 받아볼 때마다 나는 희열의 감정을 억누를 수가 없었어요 - 그리고 오래 전부터 편지를 쓰고 싶었지만, 올봄에 한동안 아파서 누워 있었거든요 - 하지만 내 생각은 종종 당신 곁에 가 있었더랬어요, 아마도 당신은 그걸 느꼈을 거예요. 그런 교감이 우리들 사이에 존재하고 있다는 것을 나는 믿기 때문이에요!

더욱이 캄에서 그림엽서가 도착하자 결심이 섰어요. 당신의 편지에 대해 감사의 뜻을 표하기 위해 마침내 붓을 들지 않으면 안 되겠다는 결심 말이에요. 그런데 캄 여행 중 우리 집에 들렀더라면 더 좋았을 걸 그랬어요! 무

척 기뻐했을 텐데! 친구가 캄에서 뭘 해요? 그리고 그곳에 자주 들러요? 어제 우연히 그곳에 갔는데 내 친구한테 당신의 캄 방문에 대해 얘기했더니 친구도 당신과의 재회를 반가워했을 거라고, 또 틀림없이 저녁초대도 했을 거라고 하더군요. 그런 기회를 놓치다니. 그럴 때에 들르지 않고 언제 들러요! 아니면 근처에 와 있을 때면 전화를 주시든지! 고쓰 부인은 시내에서 잘 알려진 패션 디자이너인 까닭에 시내의 아무 가게나 들어가서 물어만 봤더라도 쉽게 찾을 수 있었을 거예요! 다음번엔 잊지 마세요!

당신은 올 봄에 자주 여행 중이었나 봐요 - 암머제에서 보낸 멋진 그림엽서는 내게 아름다운 추억을 떠올리게 했어요. 그곳에서 3, 4일을 재미나게 보낸 적이 있거든요 - 게다가 물과 산, 이보다 더 아름다운 것은 없을 걸요!

내가 뭘 소중히 간직하고 있는지 아세요? 물론 당신의 시편들, 그리고 2월에 쓴 시 형식의 편지. 나는 그걸 받아보고 매우 기뻐했으며, 그때 혹시 당신 책의 발췌부분을 받지 않았나 하는 생각마저 들었어요?! 그 일은 얼마나 진척되었어요? 그때 당신이 작품원고를 제출했다는 그 교수가 몸이 편찮다고 했는데. 벌써 출간됐어요? 알려줘요!

'철학자'의 명칭에다 이젠 '서정시인'의 명칭이 하나 더 추가됐어요. - 그게 바로 당신이니까. - 그 시는 '훌륭해요' - 나는 그걸 자주 읽곤 해요. 진심으로 고마워요! 당신이 글 쓴다는 것을 내가 어떻게 알았을까? 당신이 여기 와 있을 때 우리가 얘기했던가요……

나는 교회의 중앙통로에 꿇어앉아 당신을 생각하고 뮌헨의 당신에게 나의 모든 소망이 전달되기를 기원했어요. 이명증(耳鳴症)을 느꼈으면 좋겠는데…… 그게 나의 생각이거든요!

그밖에 우리 집안일은 그런 대로 잘 되어가고 있어요. 우리 네발짐승 '솔로몬'은 온 집안을 활기로 가득 채우기도 하지만 또 더럽혀 놓기도 하죠. - 내가 녀석을 데리고 한 시간 동안 숲 속을 달리면 그게 녀석에겐 최고의 기쁨이죠. 나는 놈을 집안으로 들여보내고 나면 안도의 한숨을 쉬어요. 바깥에선 녀석이 사납게 마구 날뛰고 다니거든요…… 하노버 종 쌍둥이 형제 '카스토르'와 '폴룩스'도 잘 있어요. 둘 다 얌전하고 건강해요…… 다시 승마운

동으로 좋은 컨디션을 유지할까 해요. 남편은 간 질환 치료를 위해 3주간 캄 병원에 입원해 있었어요. 아, 그건 내겐 너무 벅찬 일이었어요. 지금은 고맙게도 다시 건강을 되찾았지만. 그러나 그는 한시도 집에 붙어 있는 날이 없어요. 남자는 바깥세상에서 벌어지는 생존경쟁에 뛰어들어야 하기 때문이래요. 그는 도대체 가만히 있지 못하는 성미예요 - 긴장을 풀고 쉬는 것을 못 참아요.

뮌헨에 곧 갈 예정이에요. 오빠가 2월부터 뮌헨으로 전임발령을 받아 거기서 생활하고 있거든요. 가족은 아직 카를스루어에 거주하고 있지만. 그러나 여름에는 집을 하나 장만한다나요 - 그럼 나는 묵을 곳도 생기고, 또 바라 건데 이 훌륭한 도시를 구경할 시간도 많을 테죠. 그리고 당신을 꼭 찾아볼 거예요!

우선 행운과 축복과 건강을 기원하고, 또 좋은 일이 있기를!

안나 트롤

당신의 소식을 언제나 낙으로 삼고 기다리며!

나는 편지를 번역해 놓고 보니 나에 대한 안나의 애정을 보다 섬세하게 느끼게끔 유도한 것 같았다. 그렇다고 하나의 사실을 과장 묘사한 것은 결코 아니었다. 왜 그랬을까? 번역은 제2의 창작이다. 거기에 보다 풍부한 감성이 담겨 있기를 원한다. 그럼에도 나는 별다른 감정의 동요를 못 느꼈다.

'두꺼비' 남편은 바깥 활동을 못해 좀이 쑤신다고 하니 수양이 부족해서 그렇다고 생각했다. 노자나 불타의 가르침대로 세계의 선방(禪房)을 돌아다니며 수행의 길로 나서라고 충고하고 싶었다.

그해 봄에 메히트힐트를 만나러 암머제의 쇼른도르프로 갔었다고? 처음 방문할 때의 일은 기억난다마는…… 그리고 캄에는 왜 갔었을까? 거기에 갈 이유도 아는 자도 없었다. 제한된 두뇌활동으로 말미암아 누구나 자기 기억을 회복하는 데 어려움이 있을 터이다. 문제는 추억을 선별하는 데 있다. 좋은 추억은 간직하고 나쁜 추억은 기억 밖으로 내몬다. 그러면 강한 햇빛 속에서 아지랑이처럼 잠시 떠돌다가 덧없이 녹아 없어지리. 추억이란 과연 그런 것인가? 안나는 어떤 시를 두고 말한 것일까? "그 시는 '훌륭해요' - 나는 그걸 자주 읽곤 해요. 진심으로 고마워요!" 그러나 어떤 시를 뜻하는지 영 종잡을 수 없었다.

세월은 뒤돌아볼 여유도 없이 훌쩍 뛰어넘었다. '서서히 흘렀다'가 아니다. '세월이 훌쩍 뛰어넘었다'가 내겐 올바른 표현이었다. 릴케는 「오르페우스 소네트」의 첫 행에서 이렇게 말한다. '나무 한 그루가 솟았다.' 차츰 '자랐다'가 아니라 한꺼번에 '솟았다'이다. 그런 나무도 있담? 마치 나무에 초자연적 힘이 잠재하듯. 시(詩)는 구차한 설명이 필요 없는 감성과 상념의 유희이며, 상징과 은유와 암호의 연속이다. 그래서 마치 퀴즈풀이 하는 것과 같다. 게다가 읽을 때 외국어를 배우듯 익혀야 한다.

8월이 다가왔다. 우리는 헤르만의 의사시험합격과 학위취득을 진심으로 축하했다. 그는 우리 친구들 중 최초로 박사학위를 받은 친구였다. 그는 고향에서, 그게 여의치 않으면, 이웃마을에서 의사개업을 할 계획이었다. 릴로는 학교에 1년 더 다녀야 공부를 끝낼 수 있었다. 그러나 헤르만이 빠진 우리 동아리모임에 릴로까지 참석 못해 아쉬움이 남았다.

헤르만이 뮌헨을 떠난 지 1주일 후 우리는 축하파티도 열고 휴가도 즐길 겸 2박 3일 예정으로 그의 고향을 찾아갔다. 우리는 주로 인근의 작은 호수가로 가서 놀았다. 방문 이튿날은 바람이 너무 세게 불어 요트 타기에 좋은 날씨는 아니었다. 그러나 요트를 타는 것은 바람을 타는 것과 마찬가지다. 헤르만 부친 소유의 요트는 경주용 소형 돛배이기 때문에 3인밖에 탈 수 없었다. 그래서 헤르만, 릴로 그리고 나만 돛단배의 낭만을 즐길 수 있었다. 때론 강한 바람에 돛이 갑자기 제멋대로 나부끼는 바람에 배가 심하게 흔들렸다. 나는 중심을 잃어 몇 번 넘어지곤 했다. 그때마다 헤르만과 릴로는 돛 줄을 세게 잡아당기고 키를 잡고 당기거나 밀거나 아니면 중앙에 고정시키기나 하여 방향을 조절했다. 요트는 드디어 물살을 헤치며 빠르게 항해했다. 귄터와 볼프강은 수영을 즐기며 우리 쪽을 향해 손을 흔들었다. 아돌프와 스와니는 옷을 그대로 입은 채 물가의 그늘진 곳에 앉아 맥주를 마시다가 우리가 그들의 앞을 지나갈 때마다 손뼉을 치고 "브라보!" 하고 외쳐댔다. 엄청 신나는 레포츠!

오후가 되자, 나는 수상스키를 타고 싶었다. 미국 미네소타 주의 바다처럼 넓은 호수에서 수상스키를 타 본 적이 있으나, 그건 오래 전에 경험한 일이었다. 그뿐이랴! 그곳서 크리스마스 휴가를 보낼 때는 사냥도 해보지 않았던가. 도크에서 우선 릴로가 내게 수상스키 타는 연습을 시켰다. 아돌프가 그 광경을 보고는 비아냥거리는 투로 한마디 던졌다.

"오늘은 가이 날이군. 혼자서 재미 다 보고."

"뭐해 빨리 타지 않고!" 헤르만이 모터보트의 운전대에 자리 잡고 앉아 있다가 조바심이 나는지 목청껏 소리 질렀다.

나는 릴로가 가르쳐주는 대로 보트에 달린 봉을 잡고 당기는 시늉을 하며 수면 위로 뜨는 자세와 떠 있을 때 몸의 균형을 유지하는 연습을 몇 차례 반복했다.

그나저나 균형을 잃고 넘어질 때면 혹시나 스키에 부딪힐까봐 겁먹을 수도 있었겠지만, 절대 그런 일은 일어나지 않았다. 나는 기마 자세로 서서히 일어설 때 그만 균형을 잡지 못하고 넘어져 물에 풍덩 빠졌다. 한 번은 릴로가 가르쳐준답시고 고물까지 다가와서 내가 잡고 있던 줄을 갑자기 당기는 바람에 나는 또 한번 물속으로 풍덩 빠졌다. 그 다음부터는 더 이상의 실패는 없었다. 나는 물위로 매끈하게 올라와 백조처럼 비행했다. 경험이 도왔다.

"드디어 성공! 보기 좋다!" 릴로가 기뻐하며 외쳤다.

친구들 중에 내가 제일 많이 햇볕에 그을렸다. 하기야 내가 제일 많이 땡볕에 노출되어 물위를 질주하고 다녔으니! 오히려 그을린 피부색이 건강해 보였다. 그날 저녁은 또 식욕도 좋았다. 우리는 자정을 넘어서까지 실컷 먹고 마시며 놀다가 다들 녹초가 되어 잠에 곯아떨어졌다.

아침에 일어나니 팔다리와 어깨가 뻐근했다. 10분 기본연습, 30분 수상스키 탄 게 고작이었는데…… 그렇군! 요트가 요동칠 때 몇 번 넘어졌고, 수상스키 탈 때도 두어 번 넘어졌다. 상황이 그런데 몸이 어찌 온전히 배겨 낼 수 있었으랴! 승마 후엔 궁둥이가 찢어지고 따갑더니만, 수상스키 후엔 사지가 아팠다. 레포츠 즐기기도 쉬운 일은 아니구먼!

가을! 가을철에 성큼 들어선 지도 한 달이 지났다. 겨울학기가 다시 시작할 날도 얼마 남지 않았다. 8월은 친구를 떠나보내느라 시간의 흐름도 의식하지 못한 채 지나갔다. 9월은 주로 혼자 적적하게 보냈다. 게다가 정신도 산만했다. 안나의 편지를 받은 지도 벌써 몇 달이 흘렀다. 답장을 써야하나 말아야하나? 무얼 쓸까도 고민이었다. 뮌헨엔 언제 오는지 차라리 전화로 물어볼까? 내 목소리를 들으면 기뻐할까. 나는 별의별 잡다한 생각을 다했다. 그러나 한 가지 결론밖에 내리지 못했다. 즉 용기가 나지 않아 전화는 걸 수 없다는 것이었다.

나는 도서관에서 빌려온 18세기 문학의 원전(原典)과 연구 자료를 뒤적였다. 그러나 자꾸 딴 데에 정신이 팔려 공부가 되지 않았다. 가을은 좋은 계절이지만 추수가 끝난 늦가을의 들녘처럼 허전하기만 했다. 한 해의 목표는 달성했지만 그 후의 허전함이 문제였다. 그래서 그런지 〈가을〉이란 제목의 어느 시 한 편이 머리에 떠올랐다. 가을의 하루하루가 저물고, 들녘의 황금빛 풍광은 한 해가 저물어 가는 것을 보여준다. 가을은 정반대의 상호작용에서 생긴 용어이다. 끝과 시작, 오메가와 알파, 밤과 낮. 그 사이에 끼어 있는 저녁/황혼. 황혼은 여명이란 뜻도 된다. 저녁은 '먼동이 튼다.'의 시작을 암시하는 새아침을 예고한다. 죽음과 삶, 노년과 청춘, 무상함과 영원함, 선과 악, 미(美)와 추(醜) 등등. 그러니까 외로운 순간에 누구나 저녁몽상에 젖어든다. 가련하군!

나는 인도친구 스와니 집에서 저녁식사를 함께 했다. 저녁초대는 미리 약속돼 있었다. 세실리아가 카레로 요리한 음식을 먹었다. 카레라이스는 아니었다. 치킨 카레요리와 쌀밥이 따로따로 그릇에 담겨 나왔기 때문이다. 나는 세실리아의 요리솜씨를 칭찬했다. 그들은 쌀밥을 맨손가락으로 먹지 않았다. 하기야 10년 이상 독일에서 생활한 만큼 서양식 식사문화가 몸에 배어 있었을 것이다. 단 둘만 있을 때면 포크와 나이프대신 맨손으로 먹는지는 모르겠지만. 여태껏 내가 보는 앞에선 한 번도 그런 적이 없었다. 기숙사에서 생활할 때였다. 기숙사엔 다양한 인종의 유학생들이 함께 생활하기 때문에 각 나라의 고유음식을 접하고 맛보는 기회가 많았다. 나는 인도 유학생들이 카레음식을 요리하여 밥을 손으로 집어먹는 것을 보았다. "너희들 나라는 수저도 없냐? 맨손이나 맨손가락으로 음식을 집어 먹는 습성이 얼마나 비위생적이고 원시적인지 아느냐?" 나는 무심코 불쑥 그렇게 내뱉었으나, 괜히 끼어들어 실제로 남의 나라의 식문화를 폄훼하는 꼴이 되어버렸다. 아니나 다를까 그 중 한 학생이 화를 버럭 내며 되받아 소리쳤다. "너희 나라가 쓰는 젓가락은 뭐 위생적인 줄 아냐? 원시적이라고? 원숭이 재주부리는 것도 아니고 그게 뭐냐? 젓가락이 위생적이라고? 좋아하고 있네. 남이 먹다가 또 쓰는 주제에……" 우리는 식사 예절에 대해 서로의 입장만 내새웠을 뿐 아무런 소득도 없었다. 가만히 생각해 보니 서양인들이 사용하는 포크와 나이프도 흉측하고 원시적이다. 식사 때 언쟁이라도 벌어지는 날이면 스테이크용 나이프로 상대편의 목이나 복부를 찔러 치명상을 입힐 수도 있기 때문이다. 그러면 최후의 만찬이 될 수밖에 없지 않은가. 하기야 우리도 손으로 음식을 먹을 때가 종종 있다. 갈비를 뜯어먹을 때나 게를 발라먹을 때나 쌈을 싸먹을 때가 그런 경우다. 그렇다면 오른손을 사용하여 식사를 하는 인도나 중동지역 국민들을 이상하게 볼 필요가 없다. 더럽고 깨끗한 기준은 문화에 따라 다를 수도 있다. 남들과 함께 쓰는 식탁 기구보다 자기 손이 더 깨끗하다고 보기 때문이다. 우리는 또 식사 때 젓가락을 주로 사용한다. 젓가락이 손가락의 연장이라면 인체기관의 일부이기에 우리도 맨손가락으로 밥을 먹는 것과 진배없다. 우리나라 문화의 정체성은 젓가락이며, 그것을 제대로 사용하는 예절이야말로 아마 가장 고상하고 지성적인 행위가 아닐는지……

인도는 카레음식밖에 없나? 나는 스스로에게 물어놓고 이렇게 되물었다. "야, 너희들 나라는 밥과 김치밖에 없나?" 하고. 내가 생각해도, 웃기는 질문 같기도 했다. 카레음식 말고 다른 요리는 없느냐고 친구한테 언젠가 물어본 것도 같았는데. 영 기억이 가물가물했다. 아마 인도의 음식은 향신료의 맛일 것이다. 다시 약혼녀에게 묻자니 카레음식이 맛없어서 그런다고 생각할까봐 인도음식에 대한 질문은 끝내 없었다.

독감에 걸려 며칠 동안 앓아누웠다. 밤낮 가리지 않고 쉴 새 없이 기침을 해댔다. 밤중엔 더 심했다. 게다가 가슴이 꽉 죄는 듯하더니 이내 숨이 막힐 정도였다. 온몸의 관절이 말을 듣지 않아 침대에 누워 있을 때 트롤 부인이 음식을 쟁반에 담아 가져왔던 그때의 생각이 났다. 어지간한 병에 걸려도 나는 약 먹기를 꺼려했다. 그게 감기몸살이라면 약은 더더욱 필요 없었다. 그러나 뭘 좀 먹어야 기운이 날 것 같았다. 그래서 정신을 차리고 침대에서 천천히 일어났다. 그리고 가스대가 있는 데로 몸을 질질 끌고 가서 야채수프를 끓여먹었다. 좀 나아진 것 같았다. 벽거울에 내 모습이 비쳤다. 그 멋져 보였던 신 나르시스 모습은 온데간데없이 사라지고 없었다. 이제 초라하고 가련한 모습 그 자체였다. 갑자기 두 눈에서 왈칵 쏟아지는 눈물을 억제할 수가 없었다. 그 눈물이 불길한 예감을 낳았다.

엎친데 덮친 격으로 결국 내게 큰 시련이 닥쳐왔다. 이른 아침에 메히트힐트한테서 전화가 걸려왔다.

"가이야, 나, 메히트힐트." 그녀의 가냘픈 목소리가 수화기로 흘러나왔다.

"아, 메히트힐트, 어쩐 일이야? 아침부터……?"

메히트힐트가 아침 일찍부터 전화를 건 데에는 무슨 까닭이 있었을 터이다.

"오늘 조간신문 봤어?"

"아니. 아직은. 무슨 좋은 기사라도 실린 거야?"

"놀라지 마, 가이야! 헤르더 교수님이 돌아가셨어."

"뭐?"

교수의 죽음을 전혀 예견 못했던 것은 아니었다. 건강이 좋지 않아 1주일간 병원에 입원한 적이 있었기 때문이다. 그래도 뜻밖의 비보였다. 그게 그렇게 쉽게 찾아올 줄이야…… 갑자기 현기증이 나서 쓰러질 것만 같았다.

"가이야, 괜찮아? 목소리가 왜 그래?"

한참 후에 입을 다시 열었다.

"응. 감기가 걸렸어. 언제 돌아가셨어?"

"어제 저녁 7시경에. 신문 부고란 한 번 봐!"

"응. 발인은 언제래?"

"내일 모레 오전 10시래. 장례식에 참석할거지?"

"그럼. 그래야지. 내일 오후 기차로 내려갈게. 너는 거기서 바로 떠날 거야?"

"그래야지. 그럼 거기서 보자. 너무 슬퍼하지 마!"

전화를 끊고 침대에 몸을 던졌다. 엎드려 누운 채 경련으로 온몸을 떨면서 하염없이 눈물을 흘렸다. 눈물이 입가에 흘러내려 눈물 맛이 짭짤하다는 것을 이때 처음 알았다. 난 이제 어떡하면 좋아? 앞날의 방향은? 학위논문은? 창작물은? 그의 죽음이 미래에 대한 나의 희망을 일거에 앗아갔다. 나는 불확실성의 미래를 바라보며 불확실성의 현재에 살고 있는 그런 미아(迷兒)의 신세가 되어버렸다.

가을의 죽음. *가을/저녁*은 무슨 뜻을 함축하고 있나? 저녁은 '먼동이 튼다.'를 예고하는 것이기에 '비탄'은 없는지라! 삶은 그대로 영원히 생성하고 존재하는 것이려니! 그걸 잊지 마라, 가이야! 누군가 내 귀에 대고 그렇게 속삭였다.

전화통화가 끝난 순간부터 저녁 일찍 잠자리에 들 때까지 줄곧 물과 주스로 끼니를 때웠다. 그리고 침대로 들어갈 때는 기다시피 들어갔다. 이불을 뒤집어쓰고 정신이 몽롱한 상태에서 잠만 계속 잤다.

희미한 햇살이 창문으로 스며들었다. 여명 같은 햇빛. 정말 동이 다시 트는구나! 나는 손을 뻗어 커튼 줄을 당겼다. 커튼이 반쯤 열렸다. 가을정취를 느끼게 하는 청명한 하늘. 구름 한 점 없었다. 독일에도 이런 날씨가 가끔 있나보다, 하고 나는 새삼스레 생각했다. 맑은 날씨 때문에 그런지 기침과 열이 좀 가라앉았다. 수프와 빵 한 조각으로 점심을 먹고 몸을 추슬렀다. 대충 필요한 옷가지와 세면도구를 손가방에 챙겨 넣고 보통 오페라 구경 갈 때 입던 검정양복을 입었다. 그 검정 옷은 기구한 운명을 맞는 것 같았다. 한 번은 기쁨을, 한 번은 슬픔을. 나는 서둘러 가르미쉬-파르텐키르헨 행 열차시각에 맞춰 역으로 향했다.

상가(喪家)는 친척들로 붐빌 것 같아 여관에 투숙할까하다가, 그래도 고인의 고향집에 먼저 들러보기로 했다. 그런데 집사 아줌마밖에 없었다. 사실 유족으론 고모를 제외하면 수양딸 사라뿐이었다. 아줌마는 나를 보고 반가워했다. 나는 메히트힐트와 함께 크리스마스 휴가를 여기서 보낸 기억을 새삼스레 떠올렸다.

"이게 얼마 만이에요?" 아줌마가 내 손에서 가방을 받아들고 말했다.

“다들 성당에 가셨나 봐요?”

“성당에 빈소가 마련돼 있거든요.”

“네…… 그렇군요.”

“여관에 투숙하려다 사라와 아주머니를 먼저 만나보려고 들렀습니다.”

“여관은 왜요? 친척은 스위스 장크트 갈렌에서 오신 고모내외뿐이에요. 서재에서 주무세요. 거기에 벌써 잠자리를 마련해놨어요.”

“그래도 될까요?”

“그럼요.”

그녀의 친절함은 변함이 없었다. 그때도 그랬었고 지금도 그랬다.

“메히트힐트도 성당에 가 있나요?”

“네. 오후 7시 추모미사가 예정돼 있거든요. 혼자 성당 찾아갈 수 있겠죠?”

“그럼요. 전번에 방문했을 때에 크리스마스 미사에도 갔었지 않아요.”

조문객들이 고인의 추모를 위해 성당의 빈소를 찾아서 그런 걸까? 고인의 집은 너무 조용하다 못해 쓸쓸하기까지 했다.

나는 화환을 손에 들고 성당 쪽으로 천천히 걸어갔다. 왠지 발걸음이 무거웠다. 아니 무거울 수 밖에 없었으리. 구두밑창에 강력 접착제라도 붙었나? 조화가 아니고 화환이라면 얼마나 좋을까! 그럼 장례식이 아닌 결혼식이 머리에 떠오를 테지. 멋진 신부의 화관!

빈소는 꽃묶음으로 가득했고, 조화로 둘러싸여 있었다. 나는 영전에 헌화한 다음 묵념했다. 그리고 맨 앞줄에 앉아 있는 사라, 고모와 고모부에게 삼가 조의를 표했다. 두 번째 줄부터는 먼 친지들과 학계·종교계 인사들이 자리 잡고 있었다. 그들 속에 메히트힐트도 보였다. 나는 맨 뒷면에 자리를 찾아 앉았다.

장례미사가 시작되었다. 향년 58세. 독일학계에 독보적 존재. 바로크 문학의 권위자 등등. 학자의 명성 못지않게 인간성도 나무랄 데가 없었다. 안타깝게도 반세기를 조금 넘게 독신으로 살다 간 그의 인생행로. 그러기에 아쉬운 마음 더욱 금할 길이 없었다. 나는 그에게 사사하면서 꿈과 용기를 가질 수 있었다. 가을의 햇빛처럼 따사로운 그 마음에 축복 가득 싣고 먼 여로 편히 떠나소서! 소년 합창단이 추모미사곡을 불렀다. 시와 음악이 엮어진 아름다운 이별의 환상곡. 자연의 소리, 하늘의 소리, 마음의 소리. 그리고 흐느낌의 소리. 나도 실로 애도의 눈물을 억제할 수 없었다.

고인의 집에 돌아와서 메히트힐트와 나는 부엌식탁에 앉아 아줌마가 만들어 준 샌드위치를 먹었다. 사라와 고모내외는 일찌감치 잠자리에 들었다. 나는 독감에 걸린 후 식사를 제대로 못했었다. 식욕도 없었고, 게다가 갑자기 비보를 접했기 때문이었다.

"무슨 몹쓸 병에 걸려 갑자기 돌아가셨어?"

"뇌졸중. 수면 중 발병하여 손쓸 겨를도 없었나 봐. 전에도 몇 번 전조증상이 나타나긴 했었지만…… 그래도 갑작스레 돌아가실 줄이야……"

나는 맥주 한 잔에다 샌드위치 두 개를, 그녀는 한 개를 먹었다.

"가이는 새 지도교수를 찾아야 하잖겠어?" 그녀가 염려스런 눈으로 바라보며 말했다.

"걱정이다." 나는 한숨을 쉬었다.

"다른 교수들에게도 강의와 세미나를 많이 들었잖아. 적당한 교수 한 분 찾아보려무나. 물론 헤르더 교수님처럼 자상한 교수는 찾기 힘들겠지만."

"글쎄, 시간을 두고 찾아봐야지."

"너무 걱정하지 마. 어쨌든 잘 되겠지."

"너는 어떡할 텐데?"

"나? 난 박사학위 취득을 이미 포기했어. 교사로서의 현 지위에 만족하겠어."

잠시 후 나는 서재 소파(침대 겸용)에 누워 무엇보다 수양딸 사라를 생각했다. 사라는 어떻게 되는 거지? 이 집에 혼자 남아서 살지는 않을 테고…… 고모와 고모부 두분 다 초등학교 선생이라니 그들 따라 거주지를 스위스로 옮길지도 모르겠군. 사라의 앞날이 진정 궁금했다.

우리는 아침 9시에 다시 성당의 빈소에 모였다. 장지는 성당 부속 묘지. 날씨는 궂어 가을의 부슬비가 오락가락했다. 교수님이 제 명에 못살고 아직 어린 사라를 혼자 남겨둔 채 떠나기가 안타까워 눈물을 흘려 그게 부슬비가 되어 내리는 것은 아닐까. 우리를 잊지 못하고 이승과 저승 사이의 중공(中空)을 울며 헤매고 있지는 않을까. 죽지 못하고 영원히 방랑하는 유태인은 되지 말아야지! 신부는 하관의식 중 기도를 드린 후 하늘을 향해 두 손을 펴 올리는 동작을 취했다. 마치 원한을 풀어주는 해원(解寃)의 동작인 양. 서정적 랩소디의 진혼곡이 쓸쓸히 흐르는 가운데 관이 내려졌다.

무덤은 무덤이라기보다 땅의 혼령이다. 하늘의 혼과 하나 되는 승천으로의 지령이다. 침묵에 둘러싸인 무덤의 숨결은 꿈속에서 희디흰 넋 같은 꽃봉오리를 하늘에 띄워 심어 햇빛, 달빛, 그리고 별빛 속에서 함께 숨 쉬며 노닐게 하느니라.

하관 의식을 끝으로 장례절차는 마무리됐다.

우리는 사라, 고모내외 그리고 집사 아줌마에게 아쉬운 작별을 고했다. 메히트힐트는 나를 역까지 차로 바래다주고 쇼른도르프로 떠났다. 언제 또 그녀를 만나게 될까? 열차가 플랫폼을 벗어날 무렵 빗발이 제법 굵어지기 시작했다. 바람이 좀 세게 불 때면 열차 유리창을 때리곤 했다. 빗방울이 유리창을 타고 줄줄 아래로 흘러내렸다. 마치 내가 흘린 눈물방울 같았다. 흐릿하고 뿌연 유리창을 손바닥으로 문질러 닦았다. 그 속에 한 얼굴윤곽이 희미하게 떠올랐다. 그 위로 한 처녀의 얼굴모습이 겹쳐져 유리창에 비치기 시작하더니 금방 사라졌다. 무척 애수에 젖은 표정……

찬란한 과거로의 여행

초겨울. 지도교수를 잃어 한동안 실의에 빠졌었건만, 근 두 학기가 흐른 후에야 가까스로 새 지도교수를 찾아내어 지도를 받게 되었다. 무척 다행이었다. 그의 승낙은 사실 여러 해를 거쳐 따놓은 나의 세미나 증서들을 검토한 후 이뤄졌다. 실은 나이 60이 넘은 노교수였다.

늦은 오후, 따분하게 책상 위에 서적들을 어지럽게 펼쳐놓고 사색에 잠겨 있는데, 크리스티네에게서 전화가 걸려왔다. 나는 그녀가 뮌헨 미술학교를 졸업하고 최근에 광고 회사에 취직했다는 소식을 들은 바 있다. 나는 학기 세미나니 뭐니 하여 바쁘다는 핑계로 독일 친구들을 한동안 만나지 않았다. 그것도 사실이지만 경제적인 이유도 없었던 것은 아니다. 요즘 어쩐지 나는 궁핍의 시기와 공간에 살고 있지 않았나 싶다. 하지만 꿈과 낭만이 있으니 그나마 다행이며, 그래서 나는 내 처지를 낙관하며 살아갔다.

"아, 크리스티네. 오랜만이군! 근데 볼프강은 어디 가고, 네가 전화를 걸어?"

"볼프강은 옆에 앉아 술 마시느라 정신없어. 나더러 너한테 전화해 보래. 요즘 얼굴 보기 힘들구나, 가이야! 무슨 일 있니?"

"무슨 일은? 아무 일도 없어."

"그럼 안심이고. 우리 지금 「한호프」에 와 있거든. 누가 너를 만나고 싶대."

"누가?"

"어떤 여자. 미인이야. 소개해 줄게 지금 나올 수 있겠니?"

"아름다운 여자라면 모든 일을 제쳐두고라도 만나야지. 예쁘기는 예쁜 거야?" 나는 크리스티네의 순수성과 정직함을 의심하지 않았지만, 그래도 반신반의하며 캐어물었다.

"직접 와서 눈으로 확인해 보렴. 프랑스여자야. 그것도 아주 젊은 아가씨."

"프랑스여자?"

뜻밖이었다. 독일 땅에서 프랑스여자를 만나리라고는 상상도 못했다. 실은 미국을 떠난 후부터, 아니 사바나가 떠난 후부터, 나는 미국여자를 만나고 싶었다. 미국여자들은 명랑하고 상냥해서 좋고, 또 영어로 대화할 기회가 생겨서 좋다. 국어든 외국어든 쓰지 않으면 녹슬기 마련이다. 볼프강은 불어에 - 언젠가 어릴 때부터 배웠다고 자랑삼아 이야기했다 - 능통하니 우선 프랑스여자와 의사소통이 잘될 테고, 그러다 보면 언젠가는 마음도 통할 개연성은 충분히 있으리라. 나는 만나보기도 전에 너절한 잡념부터 했다. 손님들의 웃음소리와 목소리가 수화기 속으로 가끔씩 흘러 들어왔다.

"가이야, 뭐해? 올 거니?" 크리스티네의 다그치는 소리가 들렸다.

"알았어. 7시까지 갈게."

"그래. 기다릴게. 얼른 와!"

나는 하던 일을 마저 정리해 놓고 나니 벌써 약속시간이 다가왔다. 면도를 깨끗이 하고 베이지색 겨울 윗도리를 걸치고 단골주점으로 향했다.

"니콜 쉐러. 반가워요." 니콜은 앉은 채로 손을 내밀었다.

"정가이."

나는 그녀의 손을 잡은 채로 옆자리에 앉았다.

"가이는 첫눈에 그리고 첫소리에 반했구먼. 손을 잡고 놓지 않는 걸 보니.” 볼프강이 비아냥거렸다.

“손은 잡으라고 있으니까 실컷 잡아야지.” 나는 토를 달고는 그녀의 손을 놓았다.

니콜은 20대 초반의 학생. 균형 잡힌 몸매에다 키도 170cm정도. 날씬했다. 나는 독일여자나 미국여자가 라틴계 여자보다 예쁘다고 생각했으나 꼭 그렇지만은 아닌 듯 싶었다. 그건 일반적으로 그렇다는 얘기였고, 나라마다 그 고유의 매력을 지닌 여자들이야 얼마든지 있기 마련이었다.

“어때, 니콜? 저만하면 괜찮지?” 볼프강이 니콜에게 얼굴을 돌리며 물었다.

니콜은 고개를 주억거렸다.

“어디 괜찮다 뿐이겠니?” 크리스티네가 이의를 제기했다.

“내가 만난 남자들 중에서 꽤 잘생긴 축에 드는데. 특히 입과 코가 괜찮아.” 니콜이 반 농담 반 진담조로 웃음을 띠며 말했다.

“야, 한턱내라.” 볼프강과 크리스티네가 환호했다.

나는 한턱 쓰겠다며 포도주 한 병을 시켰다.

“니콜은 뮌헨에 어떻게 왔어? 유학?” 나는 궁금해서 물었다.

“응, 소르본 대학에 재학 중인데 교환학생으로 뮌헨에 왔대.” 크리스티네가 대신 대답했다.

니콜은 뮌헨에 온 지 얼마나 되었는지 몰라도 독일어를 썩 잘하지는 못했다. 하지만 의사표시의 실력은 충분히 갖춘 셈이었다. 하지만 독일어를 잘해서 뭐하게? 프랑스인들은 모국어에 대한 자부심이나 자긍심이 유별나게 강했다. 그들은 남의 나라 언어를 좋아하지 않았다. 특히 영어 같은 국제적인 언어도 말하기 싫어했다. 그들의 아집과 자만은 때론 이해하기 힘들 때도 있었다.

우리는 함께 잔을 부딪치며 마셨다.

“니콜은 고향이 어디야?” 나는 한 모금 마시고 물었다.

“렌(Rennes).” 니콜이 즉각 대답했다.

"가이야, 렌이 어디 있는 줄 알아?" 볼프강이 물었다.

"어리석은 질문 작작 해라, 볼프강. 가이가 그것도 모를까봐." 크리스티네가 핀잔을 줬다.

"난 이래봬도 세계지리는, 직접 가보지 않고도, 훤해. 렌은 아마 프랑스 서북부 브르타뉴 지방의 관문이자 최대의 도실걸, 안 그러니?"

"브라보!" 하고 니콜과 크리스티네가 목소리를 한 음 낮춰 부르짖었다.

"유식하군." 볼프강이 놀리는 투로 말했다.

"유식하다마다." 나는 계속 말했다. "니콜의 성(姓) 쉐러(scherer)는 전형적인 독일 성씨(姓氏)임에 틀림없어. 따라서 니콜은 어느 정도 게르만 혈통을 이어받았다고 봐야 해. '위그노 전쟁' 와중에 프랑스의 위그노들은 종교적 자유를 박탈당하자 영국 및 북유럽 등지로 엑서더스를 시작했고, 반대로 독일의 구교도들은 - 극히 소수였겠지만 - 신·구 갈등으로 자국을 떠나 프랑스로 이주하였고 등등…… 쉐러가(家)의 발자취도 이와 비슷하지 않겠어? 내일이라도 당장 족보를 캐어보면 단번에 알 수 있을걸."

"가이는 정말 상상력이 풍부해서 좋아. 쉐러는 독일 성이 맞지만, 그 유래는 글쎄다……" 크리스티네는 고개를 가로 저으며 니콜에게 물었다.

"니콜, 너는 알고 있니?"

니콜도 고개를 가로 저으며 대꾸했다.

"성씨야 아무려면 어떠냐? 과거보다 현재가 중요해. 나는 프랑스 사람이고, 크리스티네와 볼프강은 독일 사람이고, 가이는 부정할 수 없는 한국 사람이고……"

니콜은 "부정할 수 없는" 대목에 와서는 강세를 줬다. 마치 내가 나 자신을 부정이라도 할까봐서…… 실은 독일에서 생활하면서 차별대우를 받을 때면 - 그런 일은 나에겐 거의 없었지만 - 내가 어쩌다가 하필이면 지구상 아시아 동북쪽 맨 끄트머리에 위치한 손바닥만한 작은 나라에 태어났을까? - 우리

부모껜 미안한 소리지만 - 하고 자문해 본 적 없는 것은 아니었다.

브르타뉴는 여름휴가를 보내기 좋은 곳이라며 놀러오라고, 니콜이 권했다. 그리고 아름답게 펼쳐진 금빛 찬란한 모래사장, 절경의 해안도로 드라이브, 고성, 미술관 등등. 즐거운 휴가를 - 그것도 리비에라보다 훨씬 저렴하게 - 보낼 수 있는 피서지가 바로 브르타뉴라고 애교를 떨며 자랑했다. 나는 초대하면 기꺼이 응하겠다고 화답했다.

"물론이지. 볼프강과 크리스티네도 같이 와라!"

니콜이 초대의사를 밝히자 볼프강이

"크리스티네는 한 달 이상 휴가를 받으면 모를까, 일 때문에 못 갈걸." 하고 미리 못을 박았다.

크리스티네는 별다른 반응 없이

"그래. 가이나 구경시켜 주라."며 볼프강의 말에 동의했다.

니콜은 핸드백에서 사진 하나를 꺼내어 보여줬다. 나는 사진을 받아보고 소리쳤다.

"예쁘다. 누구냐?"

"언니 베찌. 지금 파리에 살고 있어."

"파리서 먼저 언니를 만나 함께 파리 구경을 하고 브르타뉴로 향하면 되겠다." 내가 제안했다.

볼프강이 내게서 사진을 빼앗아 처음 보는 양 탄성을 질렀다.

"응. 너희들이 올 때쯤 나도 파리에 와 있을 테니 미리 연락 주라." 니콜이 화답했다.

크리스티네는 "뭘 또 봐." 하면서 사진을 볼프강으로부터 도로 빼앗아 니콜에게 줬다.

"크리스티네, 너는 보지도 않고 돌려주나?" 나는 혹시 크리스티네가 질투하는 줄 알고 물었다.

"난, 벌써 봤어."

니콜이 주소와 전화번호를 수첩에 적어 쪽지를 하나씩 찢어 볼프강과 내게 줬다.

우리는 포도주병을 다 비운 후 볼링 하러 갔다. 볼프강과 크리스티네는 가끔 볼링장을 찾는다고 말했다. 니콜과 나는 처음 해 보는 레포츠였다. 볼프강은 핀을 넘어뜨리는 순간의 짜릿한 쾌감이 취기를 말끔히 가시게 할 것이라고 호언장담했다.

니콜은 무거운 볼을 골랐는지 스텝을 내딛는 순간 볼을 안고 넘어지곤 했다. 크리스티네가 보고 있다가 보다 가벼운 볼(?)을 골라 시범을 보여줬다. 리듬, 균형, 타이밍 등 3요소를 갖춘 기본동작을 잘 익힌 다음 네 번째 스텝을 내딛는 순간, 던지라고 주문했다. 이때 가능하면 레인 맨 끝에 세워진 역삼각형의 핀을 바라보는 것보다 레인에 표시된 삼각형의 점을 바라보며 던지는 것이 적중률이 높다고 설명했다.

니콜이 볼을 잡고 네 번째 스텝에서 던졌다. 볼은 레인 위를 떼굴떼굴 굴러가다가 핀에 도달하기도 전에 레인 양쪽에 파인 거터(gutter 홈)에 빠져버렸다. 그래도 포기하지 않고 몇 번의 시도 끝에 핀을 몇 개 쓰러뜨릴 수 있었다. 한 번은 핀을 모두 쓰러뜨리는 이른바 '스트라이크'에 성공했다. 볼프강이 내기시합을 제안했다. 맥주와 피자. 한 게임으로 승부가리기였다. 니콜과 볼프강이, 그리고 크리스티네와 내가 짝이 되어 시합에 들어갔다. 나는 사전 연습도 없이 기본 스텝만 눈여겨보고 시도했는데 한 게임에 여러 번 '스트라이크'에 성공했다. 볼프강은 나의 공 굴리는 재주가 보통 아니라며 혀를 내둘렀다. 결과는 우리 팀의 우승. 그것도 압도적인 점수 차로. 볼프강은 평균 이상(100 정도?)을 득점하는 수준급이었지만, 워낙 니콜의 득점이 저조한 탓에 지고 말았다. 우리는 야밤중에 피자에 맥주와 콜라를 곁들여 맛있게 먹었다.

나는 주로 주말에 니콜을 만났다. 때론 단 둘이 만나기도 했고, 때론 볼프강과 크리스티네를 불러내어 넷이서 만나기도 했다. 주로 영화나 연극을 관람했다. 넷이서 만날 때면 볼프강의 피아트 차로 드라이브 삼아 졸업한 친구들, 특히 귄터와 헤르만을 찾아갔다. 프란츠는 졸업 후 직장 따라 거주지를 비스바덴(Wiesbaden)시로 옮기는 바람에 만나는 일이 뜸해졌지만, 의대 출신의 두 친구는 뮌헨 근교에 개업의로 자리 잡고 있었다. 때문에 우리는 기회 있을 때마다 귄터나 헤르만을 찾아가서 재미나게 놀다오기도 했다. 그들이 개업한 곳이 시골이라 왕진을 자주 가는 바람에 가정집이 딸린 병원건물에 없을 때도 가끔 있었다. 그럴 때는 친구 아내(개업 직후 헤르만은 릴로와 귄터는 잉게와 결혼했다)가 손수 요리한 점심만 얻어먹고 돌아오는 것도 나쁘지 않았다.

도심을 벗어나 숲 속의 시골길을 달리면 마음이 상쾌하기 그지없었다. 니콜과 내가 뒷좌석에 앉아 재미를 보니 더욱 그랬다. 볼프강은 백미러를 통해 우리의 키스 장면을 훔쳐보고 "얘들아, 뒷좌석이 뭐 너희들 안방인 줄 아느냐?" 하고 농을 했다. 크리스티네는 방해하지 말라며 그의 옆구리를 꾹꾹 찔렀다.

어느 주말에 나는 니콜을 데리고 스와니 집에 놀러갔다. 스와니는 우리를 보고 대뜸 한다는 소리가

"새 애인 생겼구먼."했다.

"야, 언제 내게 옛 애인이 있었나?" 나는 항변했다.

"있고 없고 간에 애인은 많으면 많을수록 좋아. 그래야 사랑이 녹슬지 않거든."

나는 "너 다운 소리하는구먼." 하며 니콜을 소개했다.

"니콜. 프랑스인이야."

"스와니. 반갑다, 니콜! 여기는 내 약혼녀 세실리아!"

스와니와 세실리아는 차례로 니콜과 다정하게 악수했다.

우리는 거실로 안내되었다. 세실리아가 부엌으로 사라진 후 나는 짓궂은 질문을 했다.

"너희들은 언제 결혼하나? 동거생활로 관계를 유지하다가 언젠가 끝낼 작정은 아니겠지?"

"그런 일은 없을걸. 내 인생관, 너도 잘 알잖아."

"알다마다. 그러니까 물어 본 거 아니냐."

세실리아가 인도산(産) 차를 대접했다.

"저녁은 주는 거지, 세실리아?" 나는 찻잔을 우리 앞에 놓는 그녀에게 물었다.

나는 그녀를 처음 봤을 때 무척 수다스러운 여자인 줄 알았는데 그렇지도 않은 것 같았다. 그때와는 달리 요즘은 요조숙녀처럼 말수가 적었다.

"응. 니콜이 카레요리를 좋아하는지 모르겠다." 세실리아가 쟁반을 들고 서서 말했다.

"아, 인도음식을 먹고 싶었는데, 잘 됐네." 니콜이 기뻐하며 소리쳤다.

"그럼 됐다! 음식 준비할 동안 얘기 나누고 있어라."

세실리아는 부엌으로 다시 사라졌다.

"니콜은 독일어를 제법 잘하는구나." 스와니가 칭찬했다.

"뭘. 조금 밖에 못해." 니콜은 겸손하게 답했다.

나는 방을 둘러봤다. 전에 못 보던 그림들이 사방에 잔뜩 걸려 있었다.

"웬 그림들이야? 화랑을 차려 전시라도 할 계획인가?"

"세실리아의 구상이라 난 잘 몰라." 스와니의 대답이었다.

"농담이겠지? 유명화가의 작품 한 점 얼마나 되는 줄 알기나 하나?"

"작품을 수집하든 화랑을 열든 가이가 웬 참견이래? 돈이라도 보태 줄 거니? 그리고 그림 볼 줄은 알아?" 니콜이 비꼬듯 말했다.

"친구의 충정을 헤아려 주었으면 해서." 나는 중얼댔다.

우리는 카레음식(닭고기에 카레를 버무린)과 야채볶음을 먹고 나서 1시간 정도 더 얘기하며 놀다가 귀가했다.

나는 두 주 동안 외출을 삼가고 집안에 틀어박혀 한동안 공부에 몰두했다. 시작이 반이라고 기초 작업을 끝내고 나니 논문은 쉽게 써질 태세였다. 논문 작성에 들어가자 나의 상상력에 날개를 단 듯 많은 아이디어가 한꺼번에 쏟아졌다. 따라서 연구방법 및 내용을 체계적으로 정리하느라 애를 먹기도 했다.

한동안 연락이 없던 볼프강이 느닷없이 전화를 걸어와 불쑥 한마디 내뱉었다.

"니콜을 저리 내버려둬도 돼?"

"갑자기 무슨 소리야?"

"무슨 소리긴…… 요즘 왜 만나지 않느냐 말이다?"

"글쎄? 자기가 만나고 싶으면 전화하면 될 텐데, 뭘 그래? 니콜이 지루한 나날을 보낸다고 불평불만이라도 늘어놓더냐?" 나는 되물었다.

"다른 남자를 만나고 다녀도 괜찮다는 말인가?"

"다른 남자? 니콜이 내 마누라라도 되냐? 누구를 만나든 내가 간섭할 일이 아니거든."

"관대하시군. 알았다! 무심한 날강도 같으니라구!"

"볼프강, 그 다른 남자가 혹시 너 자신이 아닌지 모르겠다." 나는 문득 의심이 나서 물었다.

볼프강이 손으로 수화기를 가리지도 않고 마구 껄껄 웃어댔다. 그 웃음이 수화기를 타고 내 귀청을 마구 때렸다.

"너, 머리 하나 좋다! 그게 사실이라면 내가 굳이 너한테 그런 내밀한 일을 멍청이가 아닌 이상 일러바칠 턱이 없지."

"그거야 모르지. 내 속마음을 떠보려고 하는 수작인지."

그는 또 웃었다.

"하여튼 너는 상상력이 풍부해서 탈이야. 니콜이, 니 마누라가 아니라며?

한데, 왜, 너 답지 않게 촉각을 곤두세우나?"

"나 다운 것? 볼프강, 설사 그게 사실이라 해도 난 너를 원망하지 않을게. 배고프면 빵 조각 하나도 나눠 먹는다는데, 사랑인들 못 나눠 갖겠어?" 나는 아무렇지도 않다는 듯 그렇게 선언했다.

그는 "맘대로 생각해라!"며 전화를 찰칵 끊었다.

나는 수화기를 놓고 곰곰이 생각하니 기분이 별로 좋지 않았다. 니콜이 다른 남자들(볼프강 포함?)을 만나 차나 포도주 한 잔 마시는 정도라면 무슨 상관이랴!

볼프강의 전화가 있은 지 또 며칠이 지났다. 내가 무심하게 아무 연락도 취하지 않자, 니콜이 먼저 전화를 걸어 짤막하게 한 마디 하고 끊었다.

"약국에 잠깐 들렀다 갈게."

내게 말할 기회도 주지 않았다. 오늘 저녁은 공부 다 했구나, 하는 생각부터 들었다. 왜 그랬을까? 여자가 찾아온다면 반겨야 할 텐데 귀찮다는 소리로 들릴 법도 했다. 약국에 들러서 오겠다고? 피임약 때문일까? 달콤한 사랑을 나누자면 걱정거리는 미리 제거해 두는 게 좋을 터…… 약 2시간 후에 초인종이 울렸다. 밤 8시가 넘은 후였다. 현관문을 열어주고 니콜을 안으로 들여보냈다. 니콜은 엷은 화장에다 옷도 수수하게 차려입고 찾아왔다. 하기야 학생신분이니 유별나게 꾸밀 필요는 없었다. 나는 그녀가 벗은 코트를 받아들고 벽 고리에 걸었다.

"바깥 날씨가 추워졌나 보지?"

"좀. 여기는 난방이 잘 돼 있나 봐. 정말 따뜻하다."

"윗도리도 벗을래?"

나는 윗도리도 받아들고 옷장 안의 옷걸이에 걸었다. 그녀는 의자에 앉고는 책상 위에 책들이 잔뜩 펼쳐 놓인 것을 보고

"공부하고 있었구나. 방해가 되는 거 아닌지 모르겠다."했다.

"아니야. 네가 온다는데 반갑지 방해는 무슨 방해? 정말 고마워! 저녁은 먹고 온 거야?"

"응. 먹었어."

"네가 때맞춰 왔다면 T-본-스테이크를 만들어먹을까 생각했는데…… 스테이크 소스보다 케첩을 칠해 먹으면 맛이 더 좋거든." 나는 사실 마음에도 없는 말을 한 것은 아니었다.

"살찌는 거 싫어."

"고기도 가끔 먹어야 해. 편식, 즉 '원-푸드-다이어트'(one-food-diet)보다 여러 가지 음식을 조금씩 골고루 섭취해야 건강에 좋대."

"다이어트 전문 선생님이 되셨군." 그녀가 놀리는 투로 말했다.

나는 책상 아래서랍에서 포도주를 끄집어내어 코르크를 뽑은 후 두 개의 잔에 부었다.

"포도주는 한 잔 하는 거지?"

"응."

우리는 잔을 부딪치며 마셨다.

"그동안 뭘 하고 지냈어?"

"강의도 듣고, 친구들도 만나 차도 마시고, 또 독일박물관과 님펜부르크 궁전도 구경하고, 그리고 독일박물관 콘서트홀에서 현재 공연 중인 비지스도 관람하고 등등……"

"나 없이도 그간 신나게 지내셨군." 나는 시기하듯 말했다.

니콜은 눈을 한 번 흘기고 말했다.

"어젯밤에 언니랑 통화했거든. 너랑 같이 파리로 놀러 오래."

"파리에 가다뿐이랴, 브르타뉴도 구경할 텐데."

"제발 그래라! 우리 아빠도 독일어 잘해. 또 프랑스 6품 요리도 먹어보고…… 우리 엄마의 요리솜씨가 정말 일품이거든."

"프랑스 요리를 맛보기 위해서라도 가야겠군."

"가이는 집에서 음식을 만들어 먹니?" 니콜이 물었다.

"아니. 점심은 주로 멘자(대학구내식당)에서 먹고, 저녁은 대중없어, 친구들을 만나 같이 먹을 때도 있구…… 그건 그렇고, 약방엔 왜 들렀어?"

"궁금하니?"

"궁금하다마다."

"왜 들렀겠니?"

"피임약 구하러?"

"그것도 구하고. 실은 탐폰이 필요했어." 그녀는 태연하게 대답했다.

나는 이외의 대답에 조금 놀랐다.

"탐폰? 아니 너, 지금 생리 중이야?"

"응. 끝났지만 아직 출혈이 좀 있어서."

나는 시무룩한 표정을 지었다.

"너의 그 찡그린 얼굴 좀 봐라! 내가 이 침대에서 자는 거 싫어? 좋아할 줄 알았는데……" 그녀는 좁은 침대를 가리키며 말했다.

"싫기는 왜 싫겠나마는."

"그런데?"

"생리통도 못 느껴?"

"생리통? 가이가 왜 그깟 것까지 걱정해? 생리통은 지나친 거부감과 고정관념에서 생겨나는 현상이래. 생리는 그냥 여성인체의 마법 같은 리듬이라고 생각하면 통증과 히스테리도 말끔히 사라진대."

"건전한 생각이군."

"불결하다고 생각지는 않구?"

"마법의 리듬에서 생겨나는 현상이라며? 그보다 네 몸에서 샘처럼 내솟는 붉은 즙은 남성의 황폐한 내면을 비옥하고 풍요롭게 하리라." 나는 그녀의 비위를 맞추려고 마음에도 없는 소리를 뇌까렸다.

니콜은 그따위 허튼 소리를 못 믿겠다는 듯 날카로운 눈초리로 나를 살펴보고는 옷을 입은 채로 침대 속으로 들어갔다.

"옷 벗고 눕지 않고?"

"옷 벗으면 네가 내 몸을 탐하여 쉽게 범할 것 같아서." 그녀가 빈정대듯 경고했다.

나는 포도주 한 잔을 더 마시고 나서 잠시 생각에 잠겨 있다가 구렁이처럼 침대로 슬금슬금 다가갔다. 침대 풋보드에 기대어 앉아 니콜의 얼굴을 살폈다. 누가 곁에서 지켜보든 말든 그녀는 눈을 감고 자는 척했다. 순진한 척, 순결한 척하는 그녀의 모습이 때론 얄밉기도 하고 때론 귀엽기도 하고 때론 능청스럽기도 하고 등등. 그러나 그 '순진'과 '순결'은 철저히 위장된 것이며, 그 이면을 들여다보면 여성의 욕구 충족을 노리는 불온한 속내가 뱀처럼 똬리를 틀고 있음이니라. 내가 오늘 그 위장의 겉껍질을 하나씩 벗겨내어 그 '순수의 신화'를 해체하리. 나는 그녀를 한동안 유심히 바라봤다. 어찌 저리도 태연히 누워 잠을 청할까. 생리 때나 그 전후에나 어떤 여자는 강한 성욕을, 그리고 어떤 여자는 두통, 스트레스, 히스테리 등을 느낀다는데…… 너는 어느 쪽이냐?

긴 머리칼이 아래로 늘어져 그녀의 얼굴을 가리고 있었다. 니콜은 헝클어진 머리칼 사이로 잠꼬대하듯 혼잣말로 중얼거렸다.

"고이 잠드는 나, 더 이상 건드릴 생각 마!"

내일 아침에 그랜드 피날레를 멋지게 장식하자꾸나. 응? 나는 그렇게 속으로 다짐하며 살며시 이불을 들치고 옆에 누웠다.

겨울학기는 오래 전에 지나갔고, 여름학기도 시작한 지 엊그제 같더니만 벌써 끝날 무렵이 다 되었다. 나는 책에 파묻혀 연구에 전력을 기울였다. 간간이 성적 충동이나 욕구가 동할 때도 있었지만, 그건 어디까지나 부차적인 문제였다. 섹스는 왜 필요한가? 동물처럼 종족번식을 제외하고 말이다. 공허한 마음을 채우기 위해선가. 어떤 이는 오감을 제어하여 마음을 비우라고 설파한다. 그러나 공(空)은 채우라고 있는 거 아닌가? 그나저나 살맛나는 세상이란 과연 어떤 것일까?

여름학기가 끝나자, 니콜은 프랑스로 돌아갔다. 떠나는 날에 볼프강, 크리스티네 그리고 나는 그녀를 역까지 동행하여 아쉬운 작별을 고했다. 그녀는 나의 손을 잡고 다정하게 말했다.

"8월 중순쯤 파리와 렌 방문 잊지 마. 그때쯤 우리 가족은 바캉스에서 돌아 와 있을 테니까. 알겠어, 가이야?"

그건 정말 진심에서 우러나오는 다정다감한 말이었다. 나는 마지못해 고개를 끄덕였지만 방문여부는 회의적이었다. 방문에 따른 장애요인이 한두 가지가 아니었기 때문이다. 공부, 시간, 돈 등등. 어느 하나 여유가 없었다.

여름방학이 시작된 지 2, 3일이 지났을까, 볼프강이 찾아왔다. 친구는 여름 아르바이트 때문에 다음날 프랑스로 떠난다며 8월 중순경에 파리서 만나자고 했다. 여름이면 돈을 벌러 가든 그냥 놀러 가든 프랑스 방문은 그에겐 기정사실이었다. 프랑스는 내게도 매력적인 나라였다. 언어, 낭만, 예술, 요리 등. 과거에 어느 다른 나라보다 프랑스 유학을 선호했던 것도 사실이었다. 운명이든 우연이든 결과적으로 독일에 안착하고 말았지만. 나는 언뜻 무어라고 말을 해야 좋을지 몰라 잠자코 있었다. 친구는 바지 호주머니에서 봉투 하나를 꺼내어 책상 위에 놨다.

"뭐야?"

"여행 경비. 필요할 테니 넣어둬."

"나, 돈 있어."

"알아. 너, 장학금 조금 받는 것. 하지만 그건 여행경비로 쓰기엔 너무 아까운 돈이야. 액수도 적고. 나, 방학엔 돈 벌지 않나."

"그래도 그렇지. 너희들한테 자꾸만 신세 지는 것도 싫어. 자존심도 상하고."

"친구 앞에서 자존심 내세울 것 없어. 받아둬."

"프랑스 가는 것 포기하면 되잖아."

"야, 여자랑 굳게 약속해 놓고, 이제 와서 그 따위 무책임한 소리가 어딨어?"

"그럴 수도 있지 뭐."

"네 인생에 그런 기회는 두 번 다시 오지 않을 거다. 나중에 후회 말고…… 그럼 간다. 프랑스에 도착하는 대로 다시 연락할게."

볼프강은 돈에 대해 더 이상 왈가왈부하기 싫다며 휙 가버렸다. 봉투를 열어 돈을 꺼내어 보니 적어도 한 달 먹고 살만한 액수였다. 그러니까 친구가 한 달간의 휴가계획을 세웠다더니 돈의 액수도 이에 맞춰 정한 것처럼 느껴졌다. 나는 고개를 절레절레 흔들었다. 필요할 때 돕는 친구들이 있어 한편으론 좋기도 하다만, 다른 한편으론 그 도움으로 인해 여간 고통스럽지가 않았다. 나중에 갚아주면 되지 뭐. 그렇게 생각하니 조금이나마 위안이 됐다.

8월 중순. 나는 파리 행 열차를 탔다. 뮌헨에서 파리까지 - 정확한 기억이 나지 않지만 - 당시엔 대략 8시간 가까이 걸린 장거리 열차 여행임에 틀림없었다. 출발 하루 전날 스와니에게 전화를 걸어 프랑스에 갔다 오겠다고 알렸더니 자기도 8월 25일 전후로 런던을 방문하는 길에 파리에 들러 우리와 함께 하루 이틀 보내고 싶다는 것이었다. 나는 물론 그의 파리방문을 환영했다. 셋이 파리에서 만난다, 정말 흥미진진할 것 같았다. 추후 정확한 도착일시를 알려주면 우리가 파리 레스뜨(PARIS L'EST) 역으로 마중 나가겠다는 약속까지 했다. 파리엔 중앙역이 여러 개(6개?)가 있다. 동부지역(알사스, 스위스, 오스트리아, 독일 등)에서 출발하는 열차는 모두 동역(東驛)이 종착역이다.

열차가 프랑스-독일 국경지역에 위치한 스트라스부르 역에 도착하자, 프랑스 국경 검문소 세관원이 검문을 시작했다. 그가 내 여권을 보자 프랑스어로 무어라고 물었다. 나는 겨우 기초실력 수준이라 제대로 알아듣지 못했지만, *visa* 단어만은 쉽게 알아들을 수 있었기에 무조건 '학생'이라고 연발했다. *Je suis étudiant, je suis étudiant!* 당시엔 학생 신분이면 한국인은 비자 없이 동구 공산권을 제외하고는 이웃나라들을 자유롭게 방문할 수 있음을 어딘가에서 들었기 때문이었다. 아니나 다를까 그는 군말 없이 여권을 돌려주었다. 긴 여정 끝에 열차가 서서히 파리의 동역 플랫폼에 들어섰다. 도착시각은 아마 오후 3시쯤 되지 않았나 싶었다. 볼프강은 어디에도 보이지 않았다. 설마 잊어버린 것은 아니겠지? 옛날 메히트힐를 만나러 갔을 때가 생각났다. 그때도 그녀가 역에 늦게 나오는 바람에 마음이 조마조마했었다. 나는 길 잃은 양처럼 역사(驛舍) 대합실을 헤매다가 바깥광장으로 나왔다. 동역 주변은 찬란한 문화도시의 명성에 걸맞지 않게 평범한 시가지였다. 요즘은 어떠한지 모르겠지만. 도심에서 좀 벗어나 있는 탓일까. 나는 광장 카페에 들어가서 창가에 앉았다. 유리창을 통해 바깥을 내다보며 친구를 기다릴 수밖에 없었다. 프랑스 땅에서 카페오레를 한 번 맛보는 것도 괜찮다고 생각했다. 한 컵 시켜 마셨더니 한약 맛 비슷했고, 또 심한 탄내가 났다. 도통 맛이 없었다. 프랑스사람들도 보통 카페오레를 잘 마시지 않는다는 것을 나중에 알았다. 어쩌다 아침식사 할 때를 제외하고는 주로 진한 에스프레스를 선호했다. 나는 그 이후로 카페오레를 마시지 않았다. 도착한 지 벌써 30분이 지났다. 이 친구가 도대체 어떻게 된 판이야? 나는 속으로 욕을 하기 시작했다. 다시 밖으로 나왔다. 밖에서 10분 정도 더 기다렸을까, 소형 피아트 차가 달려오면서 내 앞에 멈춰 섰다. 볼프강이 자동차 문을 열고 싱긋 웃으며 내렸다.

"야, 왜 이제야 나타나? 얼마나 초조하게 기다렸다구." 나는 마구 투덜댔다.

"미안! 니콜과 약속 장소를 정하느라 시간이 좀 걸렸어. 좀 돌아다니지 그랬어?"

"그러다가 엇갈려서 만나지도 못하면 어떡하게?"

"너야 뛰어봤자 벼룩이지 뭐. 타라!"

"약속 장소는 어디냐?"

"샹젤리제에 있는 드러그스토어(Drugstore)."

"프랑스도 별수 없군. 미국 영향에서 못 벗어나니 말이다."

"글쎄. 이름은 미국서 유래됐지만 용도는 좀 다를걸. 여기 가게는 실내장식이 대단히 화려하고 상품도 다양하거든."

샹젤리제는 아름다운 거리다. 개선문에서부터 콩코르드까지 인파에 섞여 건물, 가게 등을 구경하며 걸어도 지루하지 않으리라. 마치 뉴욕 맨해튼의 가로수거리(Park Avenue)나 타임스퀘어 부근의 브로드웨이를 걷는 거나 다를 바 없을 테다.

드러그스토어의 실내는 온통 유리와 거울로 장식돼 있어 발을 옮길 때마다 자기 모습이 환히 거울에 비쳤다. 들치기는 여기서 설치기는커녕 명암도 못 내밀겠군! 어림도 없겠다. 니콜과 베찌가 앉아서 우리를 기다리고 있었다. 두 자매는 대조적이었다. 니콜은 브루넷에, 베찌는 블론드에 가까웠다. 베찌는 니콜에 비해 옷차림이 화사했다. 하기야 언니는 직장여성이니 유행에 민감할 수밖에 없었다.

볼프강은 니콜 옆에, 나는 베찌 옆에 앉자, 니콜이 두 남자를 언니에게 불어로 장황히 소개하고 내게로 고개를 돌려 독일어로 말을 이어갔다.

"가이는 오늘 언니를 에스코트하기다."

나는 고개를 끄덕이며 소리쳤다.

"My honor."

"지금부터 뭐할까? 특별히 뭐 생각해둔 거 있어, 니콜?" 볼프강이 물었다.

"파리는 비싼 곳이야. 특별히 뭐할 생각 말고 드라이브나 좀 하다가 몽마르트르 언덕에 가서 저녁 먹고 거리의 화가한테 부탁하여 기념으로 가이 초상화 하나 그리게 하자. 그러다 보면 오늘 저녁은 금세 다 갈 거거든. 밤늦게 까지 놀지도 못해. 나는 내일 오전 렌으로 돌아가야 하고, 언니는 또 출근해야 하니까. 어때 내 제안이?"

"베찌가 좋아할지 모르겠네?" 볼프강이 되물었다.

"난 아무래도 좋아. 가이 원하는 대로 정해. 파리 방문이 처음이잖아."

"난, 아무 것도 몰라. 너희들 가는 대로 따라갈게."

"파리는 볼게 너무 많아. 박물관, 성당, 궁전 등은 내일 우리 남자끼리 관람하고, 또 인도친구 스와니가 오면 그때 가서 구경할 기회도 있을 테니까, 오늘은 이미 늦었으니 니콜의 제안대로 하자." 볼프강이 최종 발언을 했다.

"스와니가 온다고?" 니콜이 물었다.

"응. 런던 가는 길에 파리에 들르겠대."

"잘됐네."

우리는 샹젤리제 거리에서 골목길로 들어가서 가게들을 구경하며 산책했다. 나는 기념될 만한 물건을 하나 사고 싶었으나 너무 비싸 엄두도 못 내었다. 샹젤리제 거리와 골목길을 대충 구경하고 나서 볼프강이 차를 몰고 파리 중심부를 가로질러 시가지를 반 바퀴 돌며 목적지에 도달했다. 아까 동역에서 오페라하우스 거리를 거쳐서 샹젤리제의 약속장소까지 왔으니 그 거리를 합치면 파리를 한 바퀴 빙 돈 셈이 되었다. 파리에 비하면 뮌헨은 너무 작아 실망할 수도 있을 것이다. 베찌와 나는 뒷좌석에 앉아 차창 밖의 거리를 구경했다. 명소를 지나갈 때마다 베찌는 손가락으로 가리키며 자상하게 설명했다. 영어로. 그녀의 영어실력은 의사소통 정도였다. 그녀는 보기보다 친근감이 가는 여자였다. 몽마르트르 언덕은 뭐니 뭐니 해도 미래의 꿈을 간직하며 우수에 젖어 살다 간 화가들이 생각나는 곳이다. 우중충한 날씨처럼 옛 정취가 풍기는 낡은 회색 담벼락, 포석 깔린 길, 때가 낀 돌계단 등이 그대로 남아 있었다. 하지만 이곳의 허름한 옛 모습에 완전히 대비되는 건축물 하나가 눈길을 끌었다. 하얀

게 빛나는 사크레 쾨르 성당. 너무 깨끗했다.

테르트르 광장 주변은 레스토랑과 카페가 밀집해 있는 먹거리 동네처럼 보였다. 우리는 아담한 레스토랑 한군데를 골라서 들어갔다. 나는 그때 무엇을 시켜먹었는지 모르겠지만 - 니콜이 나를 위해 요리를 골라 줬기 때문에 아마 기억을 못하는 게 아닌가 싶다 - 한 가지만은 똑똑히 기억한다. 프랑스에서 개구리 요리를 처음 먹어봤다는 사실이다. 마늘 양념으로 개구리 다리를 요리한 일종의 오르되브르였다. 나는 사실 마늘을, 건강 식재료임에도, 싫어한다. 맛을 내기 위해 마늘 안 쓰는 한국음식은 없다지만. 그러나 그 식당 특유의 별미라고 자랑하니 안 먹어 볼 수도 없었다. 볼프강이 저녁 초대를 했으니 네 사람 모두 다 같은 세트메뉴를 주문했을 것이다. 가령 남녀 한 쌍이 똑같은 마늘이 첨가된 음식을 먹고 키스한다면, 그 어떤 역겨운 냄새도 맛도 감지할 수 없을 것이다. 설사 감지했다고 치자! 그래서 누굴 탓하겠나? 실은 개구리 요리가 별 미치고는 썩 맛있는 음식은 아니었다. 첫째 살이 별로 없으니 씹을 것이 없었다. 둘째 씹을 것이 별로 없으니 양념 맛뿐이었다. 볼프강은 혀끝을 녹이는 양념소스의 감칠맛을 좋아했다. 나로선 둘째 코스(메인 요리)가 맛있었다. 식탁에 올려놓은 짙은 향기가 나는 고기 요리는 정말 별미였다. 두 여자도 모국의 음식을 자랑하며 맛있게 먹었다. 흐뭇한 광경이었다. 나는 좋은 음식에 포도주를 곁들여 많이 마셔 말이 많아졌다. 기분도 극도로 좋았다. 식사를 3시간 이상 끌다보니 벌써 밤 10시가 넘었다.

우리는 포만감을 느끼고서야 비로소 레스토랑을 나왔다. 니콜이 내 팔을 잡고 거리의 화가들이 모여 있는 데로 끌고 갔다. 한 초라한 화가가 밝은 등불 아래 나를 앉혀놓고 능숙한 손놀림으로 즉석 초상화를 그리기 시작했다. 나는 언니와 함께 그린 초상화를 갖고 싶다고 했다. 두 여자는 초상화의 뜻도 모르느냐며 나의 청을 한마디로 거절했다. 볼프강이 빈정댔다.

"가이야, 베찌와 함께 그린 그림을 갖고 뭐하게? 그림의 여인은 '내 애인'

이다, 하고 자랑하고 싶어서, 그렇지, 안 그래?

"무슨 소리! 날 속물로 매도하지 마. 볼프강!"

입씨름하고 있는 사이 화가는 초상화를 벌써 다 그렸다며 보여줬다. 베찌가 그림을 보더니만 실물보다 못하다고 불만을 토로했다.

"그만하면 괜찮네, 뭘. 요즘은 실물보다 추하고 험상궂게 그려야 알아준다더라. 추상화라고 생각하고 기념으로 잘 간직해, 가이야." 니콜이 거리의 화가를 두둔했다.

니콜이 그림을 받아서 서명하고 내게 선물했다.

"고맙다, 니콜."

"미래의 피카소가 그렸다고 가정해 보라!" 볼프강이 토를 달았다.

"그럼 가이는 하루아침에 벼락부자가 되겠네." 니콜이 외쳤다.

"얼굴도 온 세상에 알려지고." 베찌가 맞장구쳤다.

"꿈 깨라, 꿈 깨." 볼프강이 너털웃음을 터뜨리며 소리쳤다.

"나도 선물 하나 할게," 베찌가 핸드백에서 독사진 하나를 꺼내어 줬다.

"고맙다, 베찌."

"야, 넌 오늘 횡재했다! 추억의 선물도 받고…… 그 사진 가지고 허세나 부리지 마라." 볼프강이 농담조로 충고했다.

"남자가 허세도 부릴 줄 모르면 어디다 쓰니, 볼프강?" 니콜이 되받아쳤다.

벌써 12시가 다 되었다. 베찌는 파리 근교의 이모 집에 살고 있었다. 니콜도 학기 중에 그곳에 머물면서 통학한다고 했다. 우리는 두 숙녀를 이모 집에 데려다줬다. 이모는 휴가를 가고 없었다. 나는 베찌가 손수 끓여다 주는 차를 마시고 바로 의식이 몽롱해져서 그 다음부터 무슨 일이 벌어졌는지 도통 기억이 나지 않았다.

아침에 깨어나니 이상한 곳에 누워 있었다. 볼프강이 문을 열고 들어왔다.

"깨셨군." 그게 그의 첫마디였다.

"여기가 어디야?"

"어디긴 어디야, 여인숙이지. 너는 베찌가 끓여다 준 차 한 잔 마시고 완전히 녹초가 되더구나. 아니면 이모 집에서 하룻밤 자고 싶어서 일부러 꾀를 부렸거나……"

"정말 속물 취급하네."

"기억 안나나 본데, 넌, 이미 레스토랑에서 포도주를 너무 많이 마셨거든."

"그래서?"

"베찌의 입술을 덮치려고 추태를 부렸지 뭐."

"내가? 아무려면? 야, 추태를 부렸다는 건 새빨간 거짓말이다. 난, 그 짓 못해."

"야, 술 취하면 무슨 짓인들 못해. 못 믿겠다면 내일 저녁에 베찌한테 직접 물어봐라!"

"내일 저녁에?"

"응. 렌 가는 길에 이모 집에 들르래. 피자 사주겠다고. 집에 가는 길목에 있거든."

"그러면 그렇지. 추태를 부렸다면 그런 말을 할 리가 없어. 아마 나를 보기조차 싫어할 텐데."

"그래도 네가 귀엽대."

"여인숙에 어떻게 왔어?"

"어떻게 오긴? 차로 여인숙에 도착한 후 내가 방까지 업고 왔지. 야, 빨리 샤워하고 나가자."

볼프강은 자기 방으로 갔다. 나는 일어나서 전기면도기의 플러그를 콘센트에 꽂았는데도 작동이 되지 않았다. 원, 여인숙이 이 꼴이냐! 나는 할 수 없이 안전면도기로 면도하고 이도 깨끗이 닦고 샤워도 하고 볼프강과 함께 여인숙을 나섰다.

"여기가 어디냐?"

"카르티에 라탱 구역, 소르본 대학이 있고, 학생들이 왕래하고, 유명 작가들의 단골 카페도 있고, 밥도 싸게 먹을 수도 있고…… 재밌는 곳이야. 카페서 브런치나 먹자."

우리는 카페에 앉아 음식을 먹고 있는데, 젊은 남녀 한 쌍이 다가와서 우리 식탁에 앉았다. 알고 보니 그들은 볼프강과 아는 사이였다.

"언제 파리에 왔어, 볼프강?" 여자가 먼저 말문을 열었다.

"한참 됐어. 파리에 있는 걸 보니 휴가 중인가 봐?" 볼프강이 되물었다.

"응. 스튜어디스는 고단한 직업 아니니? 지금처럼 휴가를 가질 때가 제일 좋아. 너는 프랑스에 자주 오는구나. 학업은 집어치운 거니?"

"집어치울까 생각 중이야, 파스칼. 너는 어떻게 됐어, 줄리앙? 졸업했나?"

"응. 졸업했어." 남자의 대답이었다.

"우리 항공회사에 취직했어." 여자가 덧붙였다.

"동료직원이 되셨군. 축하한다."

볼프강은 두 프랑스 친구에게 미리 연락하여 카페에서 만나자고 약속을 했던 모양이다. 두 사람은 진한 커피를 시켜 마셨다. 여자는 프랑스 여자 치곤 키가 작았다. 매력은 별로였다. 남자는 보통 키에다 그런대로 잘생긴 편이었다. 나는 불어도 잘 모르고 그렇다고 먼저 말을 걸 수도 없어 크루아상을 꾸역꾸역 먹고 있을 수밖에 없었다. 한참 후에야 볼프강이 옆에 앉아 있는 나를 의식하고 두 프랑스 친구에게 소개했다. 파스칼은 에어프랑스 스튜어디스였다. 불어로 재잘거리는 그녀의 목소리가 듣기 좋았다. 음향과 음색이 아름답게 들렸다. 그래서 문뜩 이런 상상을 해 봤다. 불어는 *음조의 언어*요, 독일어는 *개념의 언어*요, 영어는 *은유의 언어*라고. 그날은 하루 종일 프랑스 친구들과 함께 카페에서 식사와 커피를 즐기면서 보냈다. 나는 대화에 - 가끔 영어로 몇 마디 주고받긴 했지만 - 끼어들 수도 없고 해서 그림엽서를 여러 장 구입해 독일친구들에게 보내기 위해 글 쓰는 데에 많은 시간을 할애했다. 프랑스의 카페는 친구들이나 지인들을 만나 담소를 나누거나 담론을 벌이기에 안성맞춤인 곳이었다. 설사 하루 종일 앉아 시를 짓거나 소설을 써도 뭐라 하는 사람 아무도 없었다. 사르트라나 까뮈도 주로 카페에서 글을 썼다 하지 않았던가.

다음날은 아침을 간단히 때우고 곧바로 루브르로 향했다. 짧은 시간에 소장품을 모두 본다는 것은 불가능했다. 나는 회화 섹션에 들어가서 주로 르네상스, 낭만파, 그리고 인상파 화가들을 감상했다. 소장품 중에서 〈모나리자〉가 당연 독보적인 작품이었다. 이 그림은 다른 그림들과 달리 철저한 도난방지장치가 설치된 보호용 유리벽에 둘러싸인 채 벽에 걸려 있었다. 〈모나리자〉는 걸작임에 틀림없었다. 하지만 나는 이에 버금가는 그림 하나를 언급하고 싶다. 언제인가는 확실히 기억나지 않지만, 어느 여름 베네치아로 여행을 떠난 적이 있었다. 아카데미아 미술관을 둘러보다가 한 그림 앞에 - 마치 마법에 걸린 듯 - 멈춰 섰다. 그림은 레오나르도 다빈치와 동시대에 살다가 요절한 화가, '구름 속의 자객'으로 불리는 낙뢰(번개, 벼락)를 최초로 그린 화가, 여성의 몸을 '이상적 누드'로 인식을 바꿔놓은 화가 조르조네의 작품 〈폭풍〉이었다. 〈모나리자〉는 실제 인물에 가깝지만 〈폭풍〉에 등장한 여성은 신비감을 띠고 있다. 감상하는 나를 빤히 쳐다보는 듯한 그녀의 얼굴은 - 아기에게 젖을 먹이는 모습하며 - 유혹적이다. 그 후 〈폭풍〉은 내 뇌리에서 사라지지 않는 걸작 중의 하나였다. 왜냐고? 나는 조르조네가 이 작품에서 미술, 시, 음악의 삼위일체의 조화를 창조했다고 믿었기 때문이다.

우리는 루브르를 빠져 나와서 노트르담을 향해 갔다. 대성당 앞마당엔 많은 관광객이 북적댔다. 밑에서 위로 올려다보니 정면의 위엄과 우아함에 놀랄 따름이었다. 나는 거대한 내부와 대형 스테인드글라스 등을 구경하고 어둑한 계단을 올라갔다. 탑에서 센 강과 다리들을 내려다보았다. 문득 빅토르 위고의 소설 『노트르담의 꼽추』가 생각났다. 소설은 허구의 이야기지만 탑에 서 있으니 실제 이야기 같기도 했다. 어느 프랑스 작가가 그러더라. 빅토르 위고는 프랑스의 가장 위대한 시인이라고. 그런데 거기에다 한마디 덧붙였다: 불행히도. 그건 독일의 괴테나 영국의 셰익스피어와 어깨를 견줄 만한 인물이 아니지 않느냐의 뜻도 함축하고 있으리라. 동명(同名)의 영화는 또 어떠냐? 에스메랄다 역을 맡아 열연한 빨강 머리의 아름다운(적어도 영화에선 그랬다) 모린 오하라! 아주 멋진 옛날 영화 아닌가. 옛날 영화는 훌륭했다. 거기엔 시정(詩情)이 흐르기 때문이었다. 나머지 명소는 스와니가 오면 함께 보기로 결정했다.

오후 6시쯤 우리는 렌으로 떠나는 길에 이모 집에 들렀다. 우리 셋은 이웃 피자집에 가서 저녁 삼아 피자를 먹었다. 치즈가 듬뿍 얹힌 피자가 맛있었다.

"니콜은 어제 일찍 집에 간다고 하더니 떠났구나?"

"응, 어제 일찌감치 떠났어. 너희들은 느지막이 떠나도 괜찮아?" 베찌가 걱정이 되는지 물었다.

"노르망디를 거쳐서 가기로 했거든. 노르망디의 몽-생-셸을 미리 답사해 보는 것도 좋은 아이디어고…… 렌에서 니콜과 함께 가기 전에."

"우회하니 렌까지 가려면 시간이 많이 걸리겠구나. 도중에 어디서 하룻밤 묵을 텐데?"

"걱정 마! 오늘밤은 허허벌판에서 보낼 작정이야. 여관비를 아껴야지." 볼프강이 진지하게 대꾸했다.

"설마?"

"농담 아니다!"

"너야 괜찮지만, 가이는 어떡해? 그 짓 못할걸."

"가이라고 별수 있나? 내가 하는 대로 따라해야지. 때로는 모험도 필요해."

"좋은 경험이지 뭐." 나는 아무렇지도 않다는 듯 말했다.

"든든하게 먹고 가라, 가이야. 골탕 먹을지도 모르잖아. 볼프강은 못 믿을 인간이거든." 베찌는 웃음을 띠며 말했다.

"알았어. 잠깐! 나, 믿을만한 사람인가? 내가 이모 집에서 추한 꼴을 보였다던데? 아니면 볼프강의 표현이 과장된 건가?"

나는 스스로 무슨 짓을 했었는지 알고 싶었다.

베찌는 제 접시에 있는 피자조각을 내 접시에 얹어주면서 자초지종을 설명했다.

"응, 그거? 네가 나를 부둥켜안고 춤을 추려고 했던 건 사실이야."

"그래서 너를 껴안고 춤을 추었단 말이지?"

"아니. 너는 이미 포도주에 거나하게 취해 있던 터라 몸을 가누지 못한 채 소파에 쓰러지고 말았어. 그게 전부야."

"애걔, 겨우 그뿐이야? 난 또……"

"왜? 넌, 어쩐지 실망스런 표정이다." 볼프강이 놀려댔다.

"야, 입 다물어! 떠버리!" 나는 소리 질렀다.

출발 전에 나는 베찌한테 작별키스를 했다.

머뭇하며 떨린 듯한 그녀의 오묘한 입술. 볼프강이 옆에서 물끄러미 바라봤다.

"굿바이! 렌에서 휴가 즐겁게 보내라!"

"그래, 안녕!"

우리는 파리를 떠나 얼마 안 가서 아주 작은 마을에 이르렀다. 주변은 허허벌판. 가게 몇 군데서 불빛만 새어나올 뿐 적막했다. 여관도 없었고 잠잘 데도 없었다. 한밤중에 민가의 대문을 두드려 하룻밤 재워달라고 애걸복걸하면, "어서 옵쇼." 하고 받아줄까? 아니. '불량배'로 몰아 당장 경찰에 신고했을 것이다. 우리는 거리를 헤매다가 불이 켜진 당구장 간판을 봤다. 당구대만 홀 한복판에 달랑 있을 뿐, 손님이라곤 한 명도 없었다. 나는 당구를 못 친다고 했더니, 볼프강이 시간 때우기 오락이니 문 닫을 때까지 되는대로 쳐보라고 권했다. 막대기(큐)로 흰 공을 쳐서 빨간 공에 맞추면 득점이 되는 게임이었다. 이외로 간단했다. 흰 공 두 개와 빨간 공 한 개를 맞춰서 득점하는 게임이 캐럼당구이고, 모서리의 주머니에 공을 넣어 득점하는 게임이 포켓볼이다. 하지만 유럽엔 주로 캐럼당구가 유행이었다.

자정이 넘어서 볼프강은 차를 들판 한가운데로 몰고 가서 주차했다. 우리는 차에서 내렸다. 캄캄한 밤이라 경작지인지 황무지인지 구별조차 할 수 없었다. 나무는 한 그루도 눈에 띄지 않았다. 볼프강은 나더러 뒷좌석에 가서 손발 뻗고 자라고 했다.

"야, 손발 뻗을 공간이 어디 있어? 너는 어디서 자는데?" 나는 안쓰러워서 물었다.

"나? 너를 지켜주는 파수꾼으로 바깥에서 잘 거거든."

"야, 그러다가 강도나 맹수라도 나타나면?"

"사내놈이 웬 그리 겁이 많아. 사람 사는 동네에 맹수가 어딨다구?"

나로선 들판 같은 노천에서 – 그것도 칠흑 같이 어두운 밤에 – 잠을 자 보기는 생전 처음이었다. 볼프강은 담요를 흙바닥에 깔고 드러누웠고, 나는 뒷좌석에 가서 담요를 덮고 쪼그리고 누웠다. 너무 적막해서 무서웠다. 경찰이 와서 손전등을 우리 얼굴에 들이대고 프랑스 법을 어겼다고 체포하면 어떡한담? 나는 별의별 생각을 다 하다가 잠이 들었다. 너무 추워서 잠에서 깨어났다. 그러고 보니 벌써 먼 지평선에서 아침 노을이 벌겋게 피어올랐다. 날이 밝아오고 있었다. 여름인데도 밤은 견딜 수 없을 정도로 추웠으며, 아침은 그러나 상쾌했다. 밤새 풀잎에 이슬이 맺혀 날이 새자마자 아침햇살에 녹아 땅에 똑똑 떨어졌다. 차 안에서 잠을 자도 몸이 오슬오슬 춥고 떨리는데, 하물며 바깥에서 잠을 잔 친구야 오죽 하랴. 근데 친구가 언제 차 안으로 기어 들어왔는지 앞좌석 등받이에 등을 기대어 앉아 고개를 떨군 채 자고 있었다. 어지간히 추웠던 모양이다. 나는 개울이 있는지 주위를 돌아다녔다. 그러나 허탕만 치고 돌아왔다. 볼프강은 벌써 일어나서 담요를 걷어치우고 바깥에서 서성거리고 있었다.

"어딜 갔다 오냐?"

"물을 찾으러 돌아다녔어."

"도중에 식당에 들를 테니 거기 화장실에서 씻으렴."

우리는 다시 출발했다. 파리에서 노르망디와 브르타뉴로 가는 고속도로는 경사진 곳이 꽤 많은 듯 오르막길과 내리막길이 계속 반복되었다. 프랑스 북서지방의 중앙내륙은 해발 400m의 고지대이기 때문이다. 한 시간 남짓 달리다가 농가 수십 채가 모여 있는 시골마을을 목격했다. 우리는 마을을 한 바퀴 돌고 나서 식당 간판이 달랑 걸려 있는 한 농가 앞마당에 차를 세워두고 안으로 들어갔다. 내부는 깨끗하고 아기자기하게 꾸며져 있었다. 두 친구는 우선 화장실에 가서 깨끗이 단장하고 나왔다. 볼프강은 시골음식의 별미로 오믈렛을 추천했다. 나는 오믈렛을 여러 번 먹어봤지만 이 지방의 오믈렛 맛이야말로 기막히게 훌륭했다. 맛도 맛이거니와 양도 많았다. 큰 접시 하나를 온통 뒤덮고도 남을만한 크기였다. 나중에 알고 보니 오믈렛은 노르망디의 구르메 음식의 하나라는 것이었다. 게다가 배가 고팠으니 더욱 맛있었다. 에스프레스 커피도 큰 잔으로 두 잔이나 마셨다. 몇 시간 후 북쪽 해안, 즉 노르망디와 브르타뉴 사이에 걸쳐 있는 작은 섬에 다다랐다. 몽-생-미셸(Le Mont Saint-Michel). 우리는 모래사장에서 성채 같은 바위섬을 한참 올려다보다 차에 다시 올랐다. 렌에 제때 도착하자면 시간이 별로 없을 것 같아 다음에 니콜과 다시 오기로 하고 내륙으로 방향을 틀었다.

렌은 여느 도시처럼 특별한 볼거리는 별로 없었다. 지나치다가 한 번 들러보는 거야 상관없겠지만. 그러나 우리는 렌을 보기 위해 온 것이 아니었다. 니콜의 가족이 우연히 이 도시에 살고 있었기 때문에 방문했을 뿐이다. 하지만 악어머리처럼 바다로 돌출한 브르타뉴는 프랑스의 비경이라 할 만큼 볼만한 곳이다. 그럴 가치가 충분히 있다고 본다. 우선 자연경관이 뛰어나다. 조용한 해변, 찬란한 모래사장, 깎아지른 듯한 화강암벽, 거석(巨石)계곡, 역사, 문화 등등. 마을풍경도 중세 그대로의 모습이다.

니콜의 가족은 도시외각의 주택가에 살고 있었다. 식구가 단출했다. 아빠, 엄마, 딸 둘. 베찌는 파리에서 생활했고, 니콜도 방학 때만 집에 와서 지냈다. 그러니까 주로 아빠와 엄마 단 둘이서 단란한 가정을 꾸려가고 있었다. 나는 쉐러씨와 쉐러 부인을 유심히 관찰했다. 멋진 한 쌍의 부부. 니콜은 아버지를, 베찌는 엄마를 닮았다. 도착한 그날 저녁엔 쉐러 부인이 6품 요리를 준비하여 대접했다. 나는 첫 번째와 두 번째 코스를 너무 많이 먹어 정작 주 요리는 먹지 못했다. 다섯 번째 코스는 치즈라서 죽으라고 먹었다. 남의 집에서 배탈이 생길까봐 두렵기도 했다. 게다가 정선된 포도주를 곁들여 마구 마셔댔으니 속이 무사하지 않을 것 같았다. 두 시간 이상 식탁에 앉아 얘기하며 식사를 즐겼다. 나 때문에 주로 독일어로 대화했다. 니콜 말마따나 아버지의 독일어 실력은 대단했다. 쉐러 부인과 나와의 대화는 세 사람이 번갈아가며 통역했다.

마침내 식사가 끝나고 거실로 자리를 옮겼다. 쉐러씨가 소화가 잘되게 코냑을 대접했다. 나는 한 모금 입에 넣어 잠시 머금고 목구멍으로 넘겼다. 입안이 정말 개운했다. 코냑은 위스키와 달리 조금씩 천천히 음미해야 한다. 원 샷은 곤란.

"독일어를 정말 잘 하시는데요. 놀랍군요." 나는 칭찬을 아끼지 않았다.

포로수용소에서 배운 독일어가 저렇게 유창하다니……

모녀가 설거지를 끝내자 거실로 들어와서 소파에 앉았다. 쉐러씨는 수고했다며 모녀에게도 코냑 한 잔씩 따라줬다.

"니콜이 엄마의 요리솜씨가 훌륭하다고 자랑하던데, 오늘 그게 입증됐는데요. 정말 프랑스 요리는 세계 최고예요." 나는 또 칭찬을 늘어놓았다.

"맛있게 드셨다니 다행이네요. 감사합니다." 쉐러 부인이 코냑을 한 모금 삼키며 겸손하게 화답했다.

"가이는 풀코스인 줄 몰랐나 봐. 정작 주 요리는 많이 못 먹었잖아." 니콜이 정곡을 찔렀다.

"다음엔 주의할게."

"니콜, 관광 스케줄은 짜뒀어? 내일 어딜 갈 건데?" 아버지가 물었다.

"글쎄, 가이가 보고 싶은 곳으로." 니콜이 대답했다.

이외로 날씨가 무척 더웠다. 햇볕이 뜨거운 기운을 내뿜었다. 아침 식탁에 갖가지 소시지, 카망베르 치즈, 바게트, 크루아상, 토스트용 식빵 등 푸짐하게 차려져 있었다. 우리는 아침을 먹으면서 의논 끝에 황금빛 모래가 깔린 북쪽 해수욕장에 가기로 했다.

"어느 해변으로 가기로 했어, 니콜?" 쉐러씨가 합석하면서 물었다.

"생 카스 르 길도(St-Cast-le-Guildo) 해변이 어떨까 생각해요, 아빠. 여기서 멀지도 않고요."

"코트 드 그라니 로즈(Côte de Granit Rose)는 어때? 가는 도중에 고지대에서 장미색깔이 빛나는 화강암 벼랑을, 그리고 그 밑으로 수 킬로미터 길게 펼쳐진 고운 모래사장을 내려다보는 기쁨도 만끽하고. 그 순간의 감회야말로 잊을 수 없을걸."

"그곳 해안까지는 거리가 너무 멀고 볼 것도 많아 하루를 할애해도 어림없어요." 니콜이 대꾸했다.

"물론 두 배 거리는 되지만 해안선을 따라 나란히 위치한 인접마을들도 구경거리니까. 부채꼴로 펼쳐진 모래해변이 마을 중심부까지 이어져서 수영복을 입은 채로 쇼핑을 즐길 수도 있고. 호놀루루의 와이키키처럼 말이다." 쉐러씨는 한참 말하다가 볼프강을 의식함인지 바로 정정했다.

"볼프강이 운전하기 힘들면 가까운 데로 가는 것도 좋고."

"저는 아무래도 좋아요." 볼프강이 묵묵히 크루아상을 먹고 있다가 어깨를 으쓱하며 대꾸했다

"아빠 목욕 가운, 가이가 며칠 좀 빌려 입어도 돼요?" 니콜이 갑자기 고개를 아버지에게로 돌리고 대뜸 물었다.

"물론이지. 수영복은 있나?"

"수영복은 거기서 구입하면 되구요."

"목욕 가운 없어도 괜찮아요." 나는 사양했다.

"강한 햇볕과 바람 때문에 필요해요."

쉐러씨가 부인에게 불어로 뭐라고 말을 하자, 부인은 고개를 끄덕였다.

"재미나게 놀다 와라."

그는 냅킨으로 입을 닦은 다음 일어서서 가방을 챙겨 들고 출근하기 위해 현관으로 향했다. 부인이 현관 밖까지 따라갔다가 다시 들어왔다. 내가 커피잔을 비우자, 그녀는 다시 부어줬다. 벌써 석 잔째를 마신 후였다. 나는 결코 마다하지 않았다. 치즈도 내가 제일 많이 먹었다. 어머니는 딸들처럼 가냘픈 몸매에 목소리도 작았다. 구르메 음식 덕분인가? 프랑스에 와서 아직 뚱뚱한 여자를 별로 보지 못했다.

우리는 니콜의 제의대로 가까운, 코트 드 그라니 로즈 못지않게, 아름다운 생 카스 르 길도 해변에 가기로 최종 결정했다. 국도를 택해 디낭과 생 말로를 거쳐 갈 수도 있지만 다른 길을 택했다. 즉 북서쪽 방향으로 질주했다. 람발르 마을을 지나 동쪽으로 꺾어 절경의 해안을 스치며 달리다가 또 하나의 아름다운 해안마을 르 발 안드레와 만났다. 거기서 잠시 멈췄다가 다시 출발하여 꼬불꼬불한 비탈길을 올라가서 바다에 돌출한 고원지대에 도착했다. 이곳이 바로 생 카스 르 길도. 여기서 경관이 수련한 북부해안의 정상 프레헬 곶까지는 아주 가까운 거리. 우리는 호텔과 가게가 몰려 있는 마을중심구역에 먼저 들렀다. 니콜이 내게 수영복 하나를 골라줬다. 중심구역에서 길 하나 건너에

모래사장이 펼쳐져 있었다. 브르타뉴 북쪽해변이 남쪽해변보다 비교적 조용했다. 하지만 시끌벅적한 리비에라에 비하면 브르타뉴 해변은 적막감마저 돌았다. 결코 붐비거나 북적대는 일이 없었다. 우리는 뜨거운, 그러나 깨끗하고 고운 모래밭에 대형 목욕수건을 깔고 앉았다. 에메랄드 녹색 바다를 바라보니 멀리서 빨간 깃발과 노란 깃발이 나부끼며 펄렁댔다. 볼프강은 벌써 수영복으로 갈아입고 바닷물을 향해 돌진했다. 나는 수영복 위에 로브를 걸쳐 입었다.

"저기 빨간 깃발과 노란 깃발이 나부끼고 있군. 무슨 표시야?" 나는 니콜에게 물었다.

알록달록한 비키니차림으로 니콜이 피부보호 크림을 팔에 바르면서 설명했다.

"깃발로 표시된, 빨간 깃발이든 노란 깃발이든, 경계선엔 접근하지 말라는 뜻이야. 대단히 위험하니까. 이곳은 간만의 차가 심해 파도도 높고 거칠기 때문에 수영할 때 조심해야 하거든. 자칫하면 휩쓸려 들어가기 일쑤니까. 네가 브르타뉴에 머무는 동안 무슨 일이 일어나면 내 책임이야. 그러니까 바다 멀리까지 헤엄칠 생각은 아예 하지도 마. 알아들었니?"

"알겠습니다, 공주님. 어쨌든 자살하기 좋은 곳이네. 아예 깃발에서 벗어나서 멀리 헤엄치면 되겠군."

니콜이 내 팔을 꼬집고는 말했다.

"농담이라도 그런 소리 마!"

"크림은 내가 발라줄게."

나는 크림을 손바닥에 듬뿍 담아 그녀의 어깨와 등에 바르기 시작했다. 그리고 마사지하듯 문지르다가 손을 그녀의 앞가슴부위로 옮겼다. 그러자 그녀는 내 손등을 탁 치며 소리쳤다.

"누가 거기 발라 달랬나?"

"별로 가릴 곳도 없는데 무덤 가리개는 왜 달고 다녀?"

니콜이 입술을 깨물고 주먹으로 내 어깨를 두드렸다.

"왜? 만질 데가 별로 없어서?"

장난기 섞인 그녀의 말투가 꽤 자극적으로 들렸다.

"거기 아니라도 만질 데야 많지 뭐." 나도 자극적인 말로 되받아쳤다.

그때 볼프강이 우리 곁으로 달려왔다. 몸에서 물방울이 뚝뚝 떨어졌다.

"안 들어가? 물이 좀 차지만 정말 상쾌한데." 볼프강이 벌렁 주저앉고는 수건으로 몸을 닦으며 말했다. 나는 일어서서 로브를 벗어 던지고 잠시 준비운동을 하고 나서 출렁거리는 파도에 몸을 던졌다.

"가이야, 깊이 들어가지 마!" 니콜이 걱정 되어 외쳤다.

"너도 들어가라, 니콜. 가이가 무슨 짓을 하나 망도 보고." 볼프강이 재촉했다.

니콜이 모래가 뜨거운지 깡충깡충 뛰며 달려가서 가볍게 다이빙하듯 물속으로 뛰어들었다. 나는 가까이 오는 그녀에게 물을 튕겼다. 그녀도 양손을 오므리고 물을 담아 나의 머리 위에 끼얹었다. 우리는 어린애처럼 마구 물장난을 쳤다. 주위에서 놀고 있던 아이들이 우리 쪽을 힐끗 한 번 쳐다봤다. 그들 눈에 내가 이상하게 보였나? 햇볕이 쨍쨍 내리쬐는 해변인데도 피서객이 많지 않아 더욱 재미나게 놀 수 있었다. 우리는 한참 신나게 장난치다가 모래사장으로 다시 나왔다. 니콜의 몸에서 진주 같은 화려한 구슬방울이 떨어졌다. 그녀는 큰 타월로 얼굴과 몸에 묻은 물기를 닦아냈다. 볼프강이 보이지 않았다.

"볼프강이 안 보이네." 니콜이 속삭이듯 말하며 자리에 앉았다.

나는 니콜의 어깨를 직사광선으로부터 보호하기 위해 타월로 덮어줬다.

"어떤 여자와 눈이 맞아 줄행랑쳤나 보다." 나는 아직 장난기가 가시지 않은 듯 농담 삼아 한마디 불쑥 내뱉었다.

"싱겁기는……" 하고 니콜이 눈을 흘겼다.

그녀는 가방에서 선글라스와 챙이 넓은 모자를 끄집어내어 썼다. 선글라

스와 모자를 쓴 그녀가 영화배우처럼 보였다.

"니콜은 TV 스타가 돼도 부족함이 없겠어."

나는 그녀를 올려다보고 얼굴과 몸매를 찬미하며 슬그머니 그녀의 발과 다리를 쓰다듬었다. 서양여자들은 다리가 멋져! 하고 나는 속삭였다. 그리고 그녀의 발가락 사이에 묻어 있는 모래알을 털어 줬다.

볼프강이 큰 종이봉투를 팔에 안고 갑자기 나타났다.

"아, 드디어 수호천사가 나타나셨군." 나는 외쳤다.

"어딜 갔다 오니, 볼프강?" 니콜이 올려다보며 말했다.

"너희들이 배고플까봐 가게에 들러 마실 것과 먹을 것 가져왔지롱."

그는 종이봉투를 내려놓고 샌드위치, 깡통맥주, 그리고 음료수를 꺼내었다.

"착하다 착해, 볼프강." 니콜이 외쳤다.

"벌써 점심시간이 지났군." 나는 시계를 보며 소리쳤다.

"너는 미녀랑 물속에서 물장난치고 노니까 시간 가는 줄도 모르는군." 친구가 빈정대는 투로 말했다.

"볼프강, 너야말로 질투하는 것은 아니겠지?" 나는 반격했다.

"천만에. 너희들이 어린애처럼 천진난만한 웃음을 띠고 노는 게 부러워서 그런다. 니콜, 뭘 먹을래?"

"혼합 샐러드 샌드위치 있으면 주고."

볼프강이 종이접시에 샌드위치를 담아 니콜 앞에 갖다 놨다.

"가이는 먹고 싶은 거 스스로 골라 먹어."

"여러 가지 종류를 많이 샀네. 누가 다 먹을 거야?"

"내가 다 먹을 거다. 됐냐?" 볼프강이 되받아쳤다.

나는 간소시지 샌드위치를 골라 먹었다.

"엄마가 오늘저녁은 노르망디와 브르타뉴의 별미로 알려진 크림소스를 듬뿍 얹은 생선요리를 만든다고 그러셨어. 그러니까 점심은 조금만 먹어, 가이야.” 니콜이 샌드위치를 한입 베어 먹고 말했다.

“그래? 그럼, 샌드위치 하나만 먹어야겠다.”

그리고 나는 맥주를 따서 마셨다.

아니나 다를까, 볼프강이 남은 샌드위치를 한꺼번에 다 먹어치웠다.

마지막으로 우리 셋 모두 물속에 들어가서 물장난을 쳤다. 그리고 오후 4시가 지나서야 출발했다. 해안도로의 드라이브는 환상적이고 해변의 풍광은 언제 봐도 아름답기만 했다.

우리는 7시쯤 집에 도착했다.

쉐러 부인이 별미요리를 준비해 놓고 기다리고 있었다. 생선수프, 토마토와 아스파라거스를 곁들인 소스. 가리비구이와 상큼한 생선요리.

“가리비는 가이 혓바닥처럼 생겼네!” 니콜이 대뜸 웃으면서 농담했다.

그러자 우리는 한바탕 웃었다.

“가리비를 한국에선 ‘양귀비의 혀’라고 불러요. 그만큼 아름다운 별미라는 거죠.” 나는 어디서 주워들었는지 몰라도 그렇게 말했다.

우리는 오랜 시간에 걸쳐 담소하며 식사를 즐겼다.

렌에 온 지도 벌써 며칠이 지났다. 우리는 약속대로 니콜과 함께 ‘몽-생-미셸’ 수도원도 방문했다. 신비스런 범선처럼 보이는 이 섬에서 체득한 그 무엇이 바탕이 되었을까, 먼 훗날 글쓰기에 영감과 상상력의 나래를 달아주지 않을까 싶었다. 하루는 날씨도 흐리고 바람도 불어 아무 데도 가지 않고 집에서 쉬었다. 오후에 들어서 니콜은 집에 남고 남자 둘만 두어 시간 정도 시내 구경을 갔다. 렌은 내륙에 위치하고 있어 바다와 모래밭과는 거리가 멀다, 아니 무관하다. 예술과 문화의 도시랄까. 우리는 구시가지를 돌아 본 후 한 지붕 두 전시관(박물관과 미술관)을 찾았다. 1층에서 브르타뉴 지방의 생활용품을 살펴보고 역사와 민속 비디오를 관람한데 이어 2층에 올라가서 19세기 퐁타방 유파의 그림들을, 특히 폴 고갱을 감상했다.

방문 마지막 날은 대서양에 면에 있는 남단의 해변마을을 방문했다. 카르냑(Carnac). 렌에서 국도를 타고 곧장 남쪽을 향해 달리면 해안도로와 만난다. 동쪽으로 방향을 꺾어 조금만 달리다 보면 카르냑이 나타난다. 마을로 들어서자 해안주변에 새로 지은 작은 하얀 별장과 소박한 집들이 눈에 띄었다. 그날은 바람도 불고 날씨도 궂어 옷을 입은 채로 바닷가 모래톱에 앉아서 먼 대서양 저편을 조망했다. 여기서 바다 저편에 떠 있는 벨-일(Belle-Ile) 섬까지는 돌을 던지면 닿을 만큼 짧은 거리에 위치해 있다. 궂은 날인데도 불구하고 해수욕을 즐기는 피서객들로 붐볐다. 니콜이 그날은 특별히 궂은 날씨 때문인지 카르냑 해변은 별로 아름답지 못하다고 투덜댔다. 나도 그런 느낌을 갖지 않은 것은 아니었다. 특히 모래사장이 거무스레하고 곱지 못한데다 자갈도 섞여 있었다. 어쨌거나 카르냑은 수수께끼 같은 곳이다. 한편으론 모래해변이, 다른 한편으론 우리나라 고인돌처럼 거석벌판이 길게 펼쳐져 있고, 그 사이에 활기찬 해수욕장이 자리 잡고 있다. 그러니까 이곳은 거석문화의 유적지로 유명하다. 도로변을 따라 입석들이 가로수 길처럼 늘어서 있어 우리나라에 산재해 있는 선사시대의 고인돌과 별로 다를 바 없는 것 같았다. 이곳의 거석도 자연숭배를 위해 세워 놓고 분묘를 만드는데 쓰이지 않았나 싶다.

볼프강이 어디에도 보이지 않았다. 또 어디로 갔나? 니콜이 날씨가 서늘한 탓인지 내 겨드랑이 밑으로 손을 집어넣어 어깨에 기대었다.

"추워? 재킷 덮어줄까?"

"아니, 됐어. 조금만 앉아 있다가 가자."

"벌써?"

"여긴 매력이 별로야."

볼프강이 갑자기 우리 등 뒤에 나타나서 말을 걸었다.

"카페에 들어가서 따뜻한 차 한 잔 마실까?"

"왔군. 잘도 없어졌다고 잘도 나타나군." 나는 뒤를 돌아보고 외쳤다.

"마을을 한 번 순회하고 왔거든."

니콜이 내게서 팔을 빼고 일어섰다.

카페(커피점)엔 손님이 많았다. 우리는 구석에 빈자리 하나를 발견하고 거기 가서 앉았다. 볼프강은 커피를, 니콜과 나는 코코아를 마셨다. 볼프강이 브르타뉴 지도를 호주머니에서 꺼내고 펴봤다.

"조금 돌아서 가더라도 다른 길을 택해 가자, 볼프강." 니콜이 제의했다.

"연구 중이야. 수영은 글렀고 이왕 왔으니 생 미셸 고분을 둘러보고 난 뒤 국도로 다시 진입하여 동쪽 방향을 향해 드라이브하다가 해안 쪽으로 빠져 라 볼(La Baule) 마을에 잠깐 들렀다가 낭트를 거쳐서 돌아가면 되겠다. 정말 좋은 드라이브 코스야."

"라 볼 마을에 들르는 것은 정말 좋은 생각이다. 가이가 좋아할걸." 니콜이 귀가 루트에 만족하는 듯 말했다.

"라 볼은 어떤 곳인데?" 나는 호기심이 생겨 물었다.

"아마 유럽에서 가장 아름다운 해변이 아닌가 싶어. 12km나 이어지는 반달 모양의 고운 모래사장은 어디에서도 찾아보기 힘든 최고의 해수욕장이거든. 게다가 관광 · 휴양지로서도 지중해 연안의 여느 도시 못지않게 손색이 없어." 니콜이 자랑스럽게 설명했다.

생 미셸 고분은 언덕처럼 높다. 꼭대기엔 예배당이 있다. 정상에서 마을과 해변, 그리고 나룻배처럼 대서양에 떠 있는 듯한 벨-일 섬까지 한눈에 내려다볼 수 있다.

라 볼 해변은 8월말이 가까이 다가와서 그런지 예상보다 조용했다. 우리는 신발을 벗고 맨발로 바닷가를 어슬렁어슬렁 걸었다. 바닷물이 빠질 때 모래톱에 흩어져 있는 하얀 조가비를 보았다. 이곳은 조가비수집가에겐 일종의 보고라 해도 과언이 아니었다. 나는 몇 개 주워서 니콜의 손에 쥐어주면서 말했다.

"실로 꿰매어 장식용으로 벽에 걸어 놓아 줄래? 열린 창문에서 바람이 불어 딸랑딸랑 소리 나면 나의 존재를 생각하라구."

니콜은 미소 지으며 고개를 끄덕였다.

우리는 라 볼을 떠나 옛 모습 그대로 복원된 낭트의 구시가의 중심을 지나서 북쪽으로 방향을 틀어 국도를 타고 돌아왔다.

거의 매일 같이 브르타뉴 지방을 여행하다 보니 벌써 1주가 훌쩍 지나가 버렸다. 아쉽게도 브르타뉴를 떠날 날이 다가왔다. 니콜과의 이별도 두 번째. 첫 번째는 뮌헨에서, 두 번째는 고향 렌에서. 그녀가 다시 뮌헨에 오지 않는 한 그녀와의 만남은 더 이상 없을 것 같은 예감이 들었다. 작별이란 늘 아쉬운 것이려니. 함께 보낸 토막시간을 영원으로 바꿔놓는 마술은 없을까? 인생에서 가장 아름다운 찰나가 과연 언제일까? 그때를 포착하여 붙잡아 둘 수 있는 연금술의 정수(精髓)는 없을까? 내가 앞으로 연구할 과제가 바로 이건 것 같았다.

나는 니콜을 따로 불러 24k 금반지를 "날 항상 기억해라." 하고 기념으로 줬다. 십자가 목걸이는 이미 옛날 다른 여자에게 선물하고 없었다. 그러니까 내가 한국을 떠날 때 어머니가 주셨던 선물들은 또 다른 두 여자에게 몽탕 바친 셈이 됐다. 그들은 그보다 더한 선물도 받을 자격이 있었다. 니콜은 선물을 받고 대단히 기뻐했다. 조가비는 책상 위에 걸어 놓고 반지는 끼고 다니겠다고 선언했다. 우리는 아쉽게도 작별을 고하고 렌을 떠났다.

파리로 다시 돌아왔다. 다음날 오후에 인도친구 스와니가 도착하게 돼 있었다. 이번에 투숙한 여인숙은 좀 나은 편이었다. 그런 생각을 하게 된 이유는 콘센트에 전기면도기의 플러그를 끼웠더니 작동이 됐기 때문이다. 비데가 설치돼 있지 않은 호텔은 없는 것 같았다. 허름한 호텔에도 말이다. 성교 전이나 후나 샤워하면 그만이지 호텔마다 무슨 비데가 필요하냐? 욕실이 없으면 또 모를까.

우리는 이틀을 인도친구와 함께 보냈다. 첫날은 시가지를 누비고 다녔다.

볼프강이 가끔 요란하게 경적을 울리며 미친 듯이 차를 몰았다. 도심의 풍경이 차창 밖으로 쏜살같이 지나갔다. 카르티에 라탱 어딘가에 차를 세웠다. 뒷골목을 돌아다니며 저녁도 먹고 술도 마셨다. 둘째 날은 베르사유를 방문했다. 오후 늦게 갔기 때문에 나는 진작 볼 것을 못 봤다. 궁전 내부. 볼프강과 스와니는 바로 매표소에서 입장권을 구입하여 우측입구로 들어갔고, 나는 궁전 뒤쪽에 펼쳐진 녹색의 정원을 구경했다. 사실 순서가 뒤바뀐 것이었다. 정원은 늦게까지 볼 수 있었지만, 궁전은 폐관 1시간 전에 표를 팔지 않기 때문에 6시 후면 입장할 수 없었다. 장대한 정원을 둘러보려면 적어도 반나절은 걸릴 것 같았다. 나는 아폴론의 분수 앞에 앉아서 궁전 정면을 바라보며 휴식을 취했다. 한참 후에 시계를 보니 벌써 6시가 넘었다. 아뿔싸, 내가 정원의 아름다움에 매료되어 넋을 놓았구나. 매표소로 걸음을 재촉했지만 이미 때는 늦었다. 창구는 굳게 닫혀 있었다. 7시 가까이 되어서 볼프강과 스와니가 관람을 끝내고 밖으로 나왔다. 두 친구가 기지개를 켜며 사방을 두리번거리다가 매표소에서 있는 나를 보고 가까이 다가와서 놀려댔다.

"가이야, 네가 '거울의 회랑'을 꼭 봤어야 하는데. 누가 알아, 너의 머리에서 창작물이 쏟아져 나올지!" 볼프강이 빙그레 웃으며 약을 올렸다.

"정원은 나중에 보지 않고." 스와니가 이에 동조했다.

나는 할 말을 잃었다.

그날 자정이 넘어서야 스와니는 런던으로, 볼프강과 나는 리옹 근교로 떠났다. 볼프강이 밤새 운전하는 동안 나는 잠을 청하기 위해 뒷좌석에 쪼그리고 누웠다. 프랑스 여행기간 중 볼프강은 운전하느라 잠을 제대로 자지 못했다. 그런데도 피곤하지 않은 모양이었다. 나는 추워서 가끔 눈을 떴다. 차창 밖 풍경은 칠흑 같은 어둠뿐이었다. 소형 피아트는 어두운 공간을 뚫고 질주했다. 마치 천체 속으로 빨려 들어가는 우주선처럼. 그의 운전 실력은 카레이서 뺨칠

정도였다.

새벽이 될 무렵 우리는 리옹 교외의 한 시골마을에 도착했다. 불행히도 그 마을 이름이 기억나지 않는다. 아마도 발레 뒤 론(Valle du Rhone) 지역의 어느 벽촌임에 틀림없었다. 자동차 없이는 아무데도 갈 수 없었기 때문이었다. 우거진 침엽수 한가운데 집 한 채가 고립된 채 고즈넉이 자리 잡고 있었다는 것과, 그 집에서 한 달 가까이 묵었다는 것만 생각난다. 주변에 마을도시가 하나 있는데 걸어서 가기엔 꽤 멀었다. 우리가 갔을 땐 집에 아무도 없었다. 첫 인상이 후닥닥 지은 날림 집 같았다. 1층엔 부엌과 홀 같은 넓은 거실뿐이었다. 부엌 한구석에 샤워기와 온수기를 달아 놓았는데 좀 이상했다. 거실 입구에 당구대가 놓여 있는 것도 이상했다. 2층에 침실이 몇 개 있는지 알 수가 없었다. 2층에 올라가 보지 못했기 때문이다. 내가 잠자는 곳은 소파가 놓여 있는 거실 한 구석이었다. 화장실도 옥외의 뒷마당에 있었다. 그것도 재래식 화장실이었다. 그러니까 쪼그리고 앉아 용변을 봐야 할 판이니 불편이 이만저만이 아니었다. 마치 한국의 어느 시골에 와 있는 느낌이 들었다. 아니, 프랑스에도 이런 곳이 있다니 그저 놀라울 따름이었다. 여하튼 쪼그리고 앉아 변을 보는 것은 좋은데, 그럴 때마다 똥물이 튀어 올라 궁둥이를 적시니 불쾌하기 짝이 없었다. 젠장! 그래서 궁리 끝에 한 가지 방법을 고안해 냈다. 구덩이 속에 신문지 몇 장씩을 용변 직전에 항상 떨어뜨려 놓는 것이었다. 신문지가 똥물을 흡수할 테니 튕길 염려가 없지 않을까 싶어서였다. 아니나 다를까, 실험이 기적같이 적중했다. 나는 또 하나의 에디슨이 탄생한 것처럼 의기양양하여 콧노래를 불렀다.

"볼프강, 주인 없는 빈 집에 눌러 앉아 있어도 되나?"

"염려 마. 내 집이나 다름없으니까. 그나저나 집을 지키는 약혼녀는 어딜 갔담? 잠깐 외출했나?" 그는 속사이듯 말했다.

나는 의아하게 여겨 물었다.

"집주인의 동거인?"

"동거녀인지 약혼녀인지, 여하튼 미국여자야. 이름은 제니퍼."

나는 미국여자란 말에 몹시 기뻤다. 영어로 대화할 기회가 생겼기 때문이다.

"네 친구는 어디 가고?"

"주인은 지금 관광버스를 타고 독일을 일주하며 돌아다니느라 바쁠걸. 독문학 박사가 관광안내자로 둔갑하여 돈을 번다, 이거야. 어떻게 생각해?"

"비참하군."

"전문직을 못 찾으면 그런 일자리도 감지덕지 고마워해야지 별수 있나? 너야 그런 일은 안 하겠지만. 한국에 돌아가면 교수직은 따 놓은 당상 아니냐?"

"친구 나이가 몇이냐? 관광안내나 하고 다니게."

"37, 8세쯤 됐지 아마."

"그렇게 나이 먹었어?"

"돈만 많이 벌면 됐지, 나이가 많든 적든 그게 뭐가 중요해."

우리는 밤새껏 차를 타고 오느라 피곤하여 눈을 좀 붙이기로 했다. 그는 2층 침실로 올라가서 잠을 잤고, 나는 거실 소파에서 잠을 잤다. 얼마나 오래 잤을까, 배가 고픈지 뱃속에서 꼬르륵 소리가 나서 눈을 떴다. 아침도 제대로 못 먹은 데다 점심시간도 훌쩍 넘겼다. 저 친구는 언제까지 세상모르고 잠만 잘 텐가? 나는 부엌에 가서 냉장고와 찬장을 뒤져봐도 먹을 거라고는 아무 것도 없었다. 도대체 사람 사는 집 같지가 않았다. 속으로 투덜대고 있는데 선반 위로 시선이 쏠렸다. 계란 하나가 보석처럼 눈길을 끌었다. 고맙게도 삶은 달걀이었다. 나는 껍데기를 벗기고 한입에 집어삼켰다. 급하게 먹는 바람에 사레들려 심한 기침을 해댔다. 수도꼭지를 떨어 물을 한 사발 받아 꿀꺽꿀꺽 들이켰다. 그러고 나니 기분이 좀 나아졌다. 허기도 훨씬 덜해서 주위를 산책했다. 새들의 지저귀는 소리가 요란스러웠다. 짹짹, 꿱꿱…… 한적한 숲길을 계속 걸었다. 벌들이 윙윙거리면서 보라색 꽃잎에 잠시 앉았다가 날아갔다. 시원한 늦여름 바람이 부드럽게 불 때면 풀잎, 꽃잎, 나뭇잎이 바스락 소리를 내며 산들

산들 흔들렸다.

집에 돌아오니 볼프강이 마당에서 팔짱을 낀 채 서성대고 있었다.

“드디어 일어나셨군.” 나는 입을 열었다.

“배고프지?”

“배고프다마다. 날 굶겨 죽이려고 여기까지 데리고 왔남?”

그는 웃었다.

“잠시만 기다려라. 곧 먹을 것 가져올게.”

그는 차를 몰고 어디론가 사라졌다. 잠시 후 종이봉투를 손에 들고 다시 나타났다. 우리는 마당 풀밭에 앉아 샌드위치에 캔 맥주를 곁들였다.

“부근 어딘가에 식당과 가게가 있는 모양이지?”

나는 샌드위치를 세 개나 먹어치웠다.

“조금만 내려가면 자그마한 마을이 있어. 유적과 고성이 아직 남아 있는 곳이야. 중세의 정취가 풍기기도 하고…… 고성(古城)은 요즘 개인이 매입한 뒤 멋지게 개조·단장하여 저택으로 사용하는 게 유행이래. 나중에 마을로 내려가 보자.”

“무엇 하러?”

“저녁 얻어먹으러.”

“초대받았어?”

“아니. 저녁때까지 죽치고 앉아 있으면 밥은 주겠지.”

나는 웃었다.

오후 늦게 마을로 내려갔다. 가옥과 가게들이 산재해 있는 그런 대로 아담한 시골마을이었다. 중세교회가 마을 한가운데에 자리 잡고 있는데다, 성벽, 사원, 고성 등 옛 건축물이 중세의 시가지 모습을 떠오르게 했다. 우리는 정원이 넓은 어느 가정집에 들어갔다. 길가에서 정원이 훤히 다 들여다보였다. 몇몇 젊은 여자들이 원탁에 둘러앉아 잡담하고 있었다. 동네아낙네들이 아닌가 싶었다. 한 중년부인이 일어서서 볼프강과 나를 정원으로 안내했다. 중년부인은 안주인인데, 체격이 좀 뚱뚱한 편이었다. 흠, 프랑스에 와서 처음으로 뚱뚱한 여자를 봤다. 우리는 아낙네들과 합석했다. 나는 멀찌감치 떨어져 앉았다. 불어도 잘 모르는 주제에 대화에 끼어들 자격이 없었다. 그들은 내가 그 자리에 있든 없든 별로 개의치 않은 듯 계속 시시덕거렸다. 볼프강도 뒤질세라 잡담에 끼어들었다. 나에겐 참새들의 지저귀는 소리로 들렸다. 나는 입도 방긋하지 않고 멍하니 머나먼 산만 바라보고 있었다. 달리 뾰쪽한 수가 없었다. 누구 하나 내게 말 붙일 생각조차 하지 않았다. 짧은 시간이나마 아예 벙어리 신세가 되어버렸다. 자리를 박차고 나갈 수도 없는 노릇이었고, 그렇다고 멍청하게 앉아 어느 세월에 저녁밥상이 나오나, 하고 기다리고 있자니 고역이 아닐 수 없었다. 그러고 보니 허기가 느껴지기 시작했다. 샌드위치로 점심끼니를 때운 지도 벌써 너더댓 시간 흘렀을 것이다. 7시가 다 되어도 우리가 가지 않고 죽치고 앉아 있으니, 결국 주인이 눈치를 채고 부엌에 들어가서 냉육 음식을 준비하여 대접했다. 햄, 치즈, 그리고 여러 가지 소시지와 절인 오이. 순대도 섞여 있었다. 냉육 음식은 주로 독일에서 먹는 저녁식사에 지나지 않았다. 프랑스 사람들은 저녁에 따뜻한 음식을 먹는 줄 알았는데, 그게 아닌 모양이었다. 가정에 따라, 때에 따라 다를 수도 있다는 뜻인가? 아니면 이날은 예외란 말인가? 군식구가 많아서 특별히 요리할 필요가 없는 찬 음식을 내놓을 수도 있잖은가. 따지고 보면 우리는 그냥 저녁 한 끼 얻어먹기 위해 찾아온 불청객이나 다름없었다. 니콜 어머니는 정성껏 요리해서 - 생각만 해도 군침이 돌았다 - 우리에게 따뜻한 음식을 대접했었다. 얻어먹는 주제에 무슨 군소리가 많아? 네 처지에 찬밥 더운밥 가리게 됐나? 염치라곤 눈곱만큼도 없는 인간! 야, 내 처지가 어때서? 나는 거지가 아니야. 어따, 거지같은 주제에 큰 소리는 잘도 치시네! 나는 이렇게 내면 속의 또 다른 나와 언쟁을 벌였다. 아니, 남의 대화에 참여하지 못할 바에야 독백이라도 해서 마음에 맺힌 그 무엇을 시원하게 풀어야만 될 게 아니냐.

집에 돌아오는 길에 볼프강이

“다음엔 저녁을 어디서 얻어먹나?”했다.

나는 그의 심정을 이해 못하는 바가 아니었다. 점심은 아무렇게나 먹어도 상관없지만, 저녁은 그렇지 않았다. 주인 없는 집에 음식을 손수 만들어 먹기도 번거롭고 불편했다. 누군가 음식을 만들어 주면 또 모를까. 그렇다고 매일같이 외식하기도 곤란했다. 여자친구는 도대체 집을 비어두고 어디로 갔담? 전혀 소식이 없었다. 하기야 전화도 없는데 소식전달이나 의사전달이 될 리가 만무했다. 이곳은 과히 아프리카의 오지와 비교해도 거의 손색이 없었다. 원시생활 그 자체? 우주궤도를 한 바퀴 돌다가 본디의 자리로 되돌아온 것은 아닌지 모를 일이었다. 원시상태로의 회귀?

초가을이 문턱에 접어드니 맑은 날씨가 매일 이어졌다. 여름의 눈부신 햇살이 아직 남아 있는 듯 그래도 따가웠다. 따가운 날씨와 햇포도, 그리고 이 지방의 특산물 코트 뒤 론 와인…… 볼프강이 2층에서 엽총 두 개를 가지고 내려와서 느닷없이 사냥하러 가자고 했다.

“총 쏠 줄은 알아, 가이야?”

“무기를 다루는 기본 정도는 알거든. 뭘 사냥할 텐데? 여우사냥은 아닐테고.”

“여우는 없고. 참새, 까치, 까마귀 사냥이나 하자꾸나.”

“여우가 왜 없어? 여자가 여우지.” 나는 대뜸 소리쳤다.

“그런 여우는 밤에 사냥해야지. 낮엔 참새나 까마귀 정도가 적당해.”

“참새? 참새 잡는 것도 사냥이라구? 토끼사냥은 어떠냐?”

“내가 보기엔 너는 참새 한 마리도 못 잡을걸. 내기할게.”

“흠, 두고 봐! 예전에는 표적의 흑점도 맞춰 봤네.”

사격 연습도 한 번 해 보지도 못한 주제에 표적의 흑점을 맞췄다고? 나는 손에 군용권총을 쥐어봤는지조차도 생각나지 않았다. 군대복무도 하지 않고 외국유학을 떠났으니 말이다. 총 구경은 해봤을 정도였다. 사냥 경험은 있으니까. 볼프강이 탄알이 장정된 엽총 하나를 내게 주면서 조심해서 다루라고 당부했다. 우리는 인근 숲 속으로 들어가서 때론 위아래로 때론 좌우로 살피면서 가만가만 걸었다. 숲길이 두 갈래로 나타나자 각자 다른 숲길을 택했다. 새들의 지저귀는 소리가 숲에 가득했다. 짹짹, 꿱꿱. 근데 어디서 우짖는지 날짐승의 그림자도 보이질 않았다. 나뭇가지 사이로 숨어서 날아다니기 때문일까. 나는 허리를 굽히고 발끝으로 살금살금 나아갔다. 마치 카우보이가 총을 들고 인디언을 쫓듯이. 새들은 정말 예민했다. 조금만 바스락 소리가 나도 어디선가 나뭇가지를 흔들며 날아가 버렸다. 이러다가는 새끼참새 한 마리도 못 잡겠다고 생각했다. 한참 숲 속을 헤매다가 한 빈터에 다다랐다. 빈터가 그냥 빈터가 아니라 로마시대의 유적이 남아 있는 공간이었다. 파괴된 네모난 신전에 베일 쓴 여신상이 외로이 서 있을 뿐이었다. 그러나 가엽게도 그녀의 용모가 온통 일그러진 상태로 방치돼 있었다. 누군가가 베일을 벗기기 위해 마구 훼손한 모양이었다. 아뿔싸, 베일을 벗기려면 용안을 망가뜨리지 않으면 안 된다는 것을 몰랐나 보다. 가엽게도. 그래서 실체를 영원히 볼 수 없게 됐다. 우리 인간은 진리를 알고 싶어도 결코 알아내지 못하는 운명을 타고났다는 것을 왜 모르는가. 진리가 뭔데, 가이야? 어디에선지도 모르게 울려 퍼지는 메아리였다. 신전 전면에 서 있으니 시야가 확 트여 완만한 평야에서 험준한 산맥까지의 지형변화가 론 지방의 맑은 하늘 아래 선명하게 보였다.

나는 오던 길을 되돌아갔다. 숲 초입에서 볼프강이 총만 달랑 손에 들고 기다리고 있다가 나를 보자

"숲 속에서 길을 잃어버린 줄 알고 걱정했는데, 드디어 나타나셨군. 히드 숲 속 같은 데서 걷다 보면 길이 갑자기 없어지거든. 무얼 하고 이제 나타나니?

보아 하니 참새 한 마리도 못 잡고 허탕 쳤구먼." 하고 비아냥거렸다.

"사돈 남 말하시네. 너도 빈손이구먼, 뭐." 나는 되받아쳤다.

"너는 내 참뜻을 알 턱이 없지. 진짜짐승을 잡으라는 소리가 아니었어."

"그럼?"

"심심풀이로 허공을 대고 총을 쏘아보라는 것뿐, 다른 뜻은 없었다구."

"너는 분명히 사냥이란 용어를 썼거든."

"알아. 근데 말이다 자연은 인간보다 짐승과 곤충을 더 좋아하고 소중히 여긴다네. 자연은 인간에겐 필요 불가결한 존재지만, 자연의 혜택을 흠뻑 누리는 인간은 자연에겐 불필요한 존재거든. 너는 어차피 아무 것도 못 잡을 테니까 내가 미리 경고하지 않은 것뿐이었어."

내 생각과 별다르지 않네!

"너의 참뜻을 이제 알았으니 돌아가자."

그러고는 나는 친구를 천천히 뒤따라갔다.

갑자기 나비 한 마리가 날아와 내 앞을 가로막고 허공에 멈춰 서서 새들의 지저귀는 소리에 장단을 맞추며 춤추듯 맴돌았다. 마치 제 궤도를 잃어버린 것처럼. 한참 나를 유혹하듯 날갯짓을 하다가 이윽고 포물선을 그리면서 어디론가 날아가 버렸다. 보통 때라면 나비가 날라 오든 허공에 떠 있든 공중제비를 부리든 별 관심이 없었을 텐데, 이날따라 왠지 그 행위예술이 신기하게 느껴져서 끝까지 멍하니 바라봤다. 나비가 마치 갈 길을 못 찾고 방황하는 내 영혼과 같아 보였다.

하루는 리옹에 놀러 갔다. 리옹은 도심 사이를 가로질러 흐르는 두 개의 강을 끼고 있는 아름다운 도시다. 손 강과 론 강이 그것이다. 이 두 강이 도시를 신시가지와 구시가지로 갈라놓은 것도 인상적이었다. 손 강의 서쪽이 구시가고, 동쪽이 신시가다. 손 강과 론 강 사이의 지역이 도시의 중심지다. 론 강의 동쪽엔 신(新) 리옹으로 조성된 브로또와 파르디외 지구가 펼쳐져 있다. 신시가 구시가 할 것 없이 박물관이 대단히 많다. 물론 파리와 비교할 수는 없지만. 그러나 파리에서 볼 수 없는 특이한 박물관이 몇 개 있다. 즉 인쇄 및 은행 박물관, 리옹 역사박물관, 그리고 갈로 로망 문화박물관이다.

우리는 오전 10시부터 오후 4시까지 두 시가지를 차례로 돌아다니면서 구경했다. 구시가는 중세에 세워진 건물들을 그대로 보존하고 있다. 생 장 대성당, 생 폴 교회, 노트르담 드 푸르뷔에르 사원, 로마극장, 가다뉴 건물 등. 이른바 트라불("Traboules") 구역은 골목설계가 볼거리 중의 하나였다. 골목과 골목이 집 계단의 공간을 뚫고 서로 연결돼 있으니 정말 특이했다. 중세의 독특한 양식이라 아니할 수 없었다. 연결통로는 결국 남의 집 안방침실은 아니더라도 안마당을 거쳐 가게 돼 있으니 말이다. 요즘은 집주인이 뚫린 공간의 통로에 대문을 만들어 굳게 잠가 놓고 외부인 통과를 통제하는 바람에 뒷길을 즐겨 산책하던 사람들은 옛 정취의 일부를 잃게 된 셈이었다. 몇 걸음 나아가니 11번지 저택에서 세 개의 짐승마스크가 화난 얼굴로 아래로 쬐려보고 있는 게 아닌가. 마스크들은 장 콕토의 영화 미녀와 야수의 모델로 사용됐다는 설도 있다. 생 장 거리가 구시가의 중심이다. 따라서 부티크와 기념품가게들이 많다. 우리는 생 장 광장에서 푸르비에르 언덕까지 올라갔다. 언덕 위의 하얀 노트르담 푸르비에르 사원은 몽마르트르 언덕 위의 사크레 쾨르 성당과 매우 흡사하다. 언덕 위에 하얗게 우뚝 솟은 그 장엄함과 화려함…… 건축양식이 조금 다를 뿐이다. 사크레 쾨르 성당(1877년 착공, 1919년 완공)은 비잔틴풍의 돔이 웅대하고 위협적이다. 이에 비해 노트르담 푸르비에르 사원(1872년에 시작 1896년에 완공)은 비잔틴, 로마네스크, 고딕 양식이 혼합된 건축물이다. 옛날 전통에 따라 성모에 대한 공경의 표시로 사원이름도 파리의 대성당처럼 노트르담이다. 그렇게 불리는 이유는 아마 17세기 중엽에 페스트로부터의 구원을 빌어 마지않던 리옹 시민들이 성모 마리아를 도시의 수호성인으로 삼았기 때문이었다. 언덕 위에서 시가지를 내려다보니 시의 전경이 한눈에 들어왔다. 사원에서 언덕길을 조금 내려가면 갈로 로망 문화박물관과 옥외 원형 로마극장이 나타난다. 언덕 경사면에 깊숙이 위치한 박물관은 5층 건물이다. 우리는 5층 입구에서 나선형 복도를 따라 차례차례 내려갔다. 17개의 방을 이리저리 거닐면서 전시된 갈리아-로마 유물들을 감상했다. 각 방마다 갈리아-로마 문화의 발전과 특징에 대한 상세한 정보를 제공했다. 입상, 묘비명, 철기시대의 갈리아의 전차, 귀중한 모자이크무늬, 가재도구, 생활필수품 등 하나같이 관심의 대상이 아닐 수 없었다. 창문 너머로 그랑 로마극장을 바라보고 있노라면 그때와 지금이 녹아서 하나가 되는 상념에 빠질 수도 있잖을까 싶었다. 로마극장 외에 발굴된 유적은 오데옹 극장, 퀴벨레 여신의 신전 그리고 광장(Forum)이 있다. 매년 여름이면 '리옹 축제'가 열려 이 두 극장은 그때마다 생기를 되찾는다.

우리는 손 강을 건너 신시가의 벨쿠르 광장을 거쳐 빅토르 위고 거리로 접어들었다. 사실 도심은 벨쿠르 광장이 출발점이다. 이 광장은 파리의 콩코르드 광장에 해당된다. 따라서 빅토르 위고 거리에서 벨쿠르 광장을 관통하여 에밀 졸라 거리를 지나 시청광장에 이르는 지역은 파리의 샹젤리제처럼 가장 번화하고 활기가 넘치는 도시의 심장부다. 우리는 가게에서 그림엽서를 수 십 장 사서 카페에 앉아 – 많이 걸어 지치기도 했다 – 엽서에 글 몇 자 적어서 친구들에게 다시 띄워 보냈다.

"가이는 이제 보고 싶은 곳 없어?" 볼프강이 말문을 열었다.

"글쎄? 미술관을 보고 싶은데."

나는 피곤한데도 미술관을 관람하지 않아 좀 허전했다.

"그래? 그럼 혼자 갔다 와. 난 여기서 기다리고 있을 테니까. 벨쿠르 광장을 지나서 번화가를 따라 똑바로 올라가면 시청 광장 옆의 테로 광장과 접해 있는 생 피에르 건물이 미술관이거든. 미술관 못 미쳐서 인쇄 및 은행 박물관도 있고. 찾기 쉬워."

"폐관시간은 몇 시까지야?"

"6시까진가, 아니면 5시까진가? 서둘러라! 베르사유 관람 때처럼 건물내부에도 못 들어가서 허탕이나 치지 말고."

"돌아오면 6시가 넘을 텐데, 저녁은 여기서 먹고 가자."

"그래야지. 집에 가봤자 먹을 것도 없는데, 뭘."

"오늘 저녁은 내가 살게."

볼프강이 나를 곁눈질로 보며

"네가 무슨 돈이 있어?"했다.

"왜 없어? 네가 준 돈도 남아 있고……" 나는 적당히 얼버무렸다.

"그러면 그것도 내 돈이네. 야, 관둬라!"

리옹의 루브르라고 불리는 이 바로크 양식의 미술관은 외부와 내부를 새롭게 개축하고 단장하여 한 번쯤은 방문할 만한 곳이었다. 건물은 정원을 아늑히 빙 둘러싸고 있는 듯했다. 로댕 조각품이 전시돼 있는 정원은 나무가 많아 산책하기 좋은 공간이었다. 연인과 팔짱을 끼고 거닐 때면 낭만적일 수도 있지 않을까 싶었다. 나는 관람시간이 부족할까봐서 서둘러 홀 안으로 들어갔다. 전시실(홀)이 대단히 많았다(약 90실?). 2층의 19개 전시실을 차례차례 둘러보면서 리옹 회화의 발전사를 17세기부터 현재까지 추적해 봤다. 리옹 태생의 인상파와 상징파 화가들의 그림전시가 인상적이었다. 하지만 나는 그들의 그림에 대해 전혀 아는 바가 없었다. 64호실에 들어가선 그리스-로마 시대의 주화수집, 즉 특정얼굴이 주조된 경화들을 살펴봤다. 오리엔트 문화예술품 전시실도 따로 마련돼 있는 것도 자랑거리였다. 하지만 뭐니 뭐니 해도 유화수집이 으뜸이었다. 야심적인 아마추어 화가들도 가끔 눈에 띄기도 했지만, 주로 유명 화가들의 작품이 상당수에 달했다. 렘브란트, 엘 그레코, 루벤스, 르누아르, 고갱, 반 고흐, 피카소, 막스 에른스트 등등. 그림들이 옆으로 위아래로 너무 빽빽하게 걸려 있어 효력이 반감되는 느낌도 주었다. 나는 홀에서 홀로 산책하듯 걸었다. 2층과 3층에 나눠 전시된 조각품 수집은 고대서부터 현대까지의 작품들을 망라했다. 65호실에 들어서자 고대그리스의 소녀입상이 방긋 웃으며 손님들을 맞이했다. 나는 시간 가는 줄도 모르고 층계를 오르내렸다. 벌써 문 닫을 시간이 다가왔다. 나는 미술관을 나와 발걸음을 재촉했다.

"눈이 빠지도록 기다렸지?" 나는 미안해서 그 자리에 그대로 앉아 누런 골와즈 담배를 피우고 있는 볼프강을 보고 그렇게 부르짖곤 옆자리에 가서 앉았다.

"아니. 첫째, 눈은 다행히도 빠지지 않고 그대로 박혀 있고, 둘째, 나도 재미나는 시간을 보냈어. 카페 앞을 지나가는 아가씨들의 날씬한 몸매와 다리를 구경하고 있노라니 지루한 줄 모르겠더라. 그러니까 미안해 할 것 없어."

"다행이다."

"어디 가서 저녁이나 먹자." 볼프강이 담뱃불을 비벼 끄며 말했다.

우리는 적당한 레스토랑을 찾기 위해 다시 인파 속에 섞여 번화가를 유유히 걸었다. 레스토랑은 가게 하나 건너뛰어 있었다. 리옹은 과히 요리를 즐기는 미식가들의 메카라 일컬어도 무방할 것 같았다.

"리옹에 레스토랑이 몇 개나 있는 줄 알아?" 볼프강이 물었다.

"글쎄? 꽤 많이 있겠는데." 나는 대충 어림짐작도 할 수 없었다.

"간이식당을 합쳐 1만 개쯤 될까? 리옹은 프랑스의 미식(美食) 수도임을 자부하거든."

"그럼 리옹의 명물요리를 한 번 먹어봐야겠군, 뭐가 있어, 볼프강?"

"근데 말이다 별표가 붙은 레스토랑은 별로 많지 않아. 별 1개짜리 이상은 몇 군데에 불과해."

"우리야 그런 데서 먹을 수 없잖아. 부담 없는 가격으로 독특한 향토요리를 먹을 수 있는 식당을 찾는 게 좋겠다. 넌 그런 곳 잘 알잖아."

"입구에 '독일어 합니다.'라고 써진 판자가 내걸려 있는 식당에서 먹어보는 것은 어때, 가이야?"

"그것도 좋은데, 맛만 있다면. 하지만 네가 토박이처럼 프랑스어를 잘 구사하는데, 그런 상술의 글귀가 붙어 있든 말든 무슨 상관이랴?"

"보통 8월 한 달간은 휴가로 문 닫은 음식점이 많아. 이제 8월이야 곧 끝나 가지만."

"그럼 문 열린 곳으로 가면 되겠네."

"그렇군."

한 아담한 음식점이 눈에 들어왔다.

"저기 들어가자." 볼프강이 손가락으로 그쪽을 가리키며 말을 이었다. "꾸밈없이 소박한 곳이 음식도 맛있거든. 내부도 아늑하고 말이야. 반대로 실내장식이 요란하면 대개 그 집 음식점은 별로야."

사실 우리가 들어간 곳은 '부숑'(bouchon)이라 하는 자그마한 주점 같은 고풍의 음식점이었다. 식탁간의 간격이 좁아 손님들이 다닥다닥 붙어 앉게 돼 있어 좀 불편했다. 그러나 식사 중 모르는 사람들끼리도 쉽게 대화를 나눌 수도 있으니 이것 또한 리옹의 특색이라 아니할 수 없었다. 독일에도 그런 술집이 없는 것은 아니었다. 나는 프랑스어도 잘 모르고 해서 대화에 끼어들 엄두도 못 내겠지만, 볼프강은 옆에 예쁜 아가씨라도 앉아 있을 때면 말을 걸어볼 만도 했다. 누가 알아, 하나 걸려들지? 리옹 사람들은 가정적이었다. 즉 밖에서 향락을 추구하기보다 집에서 가족과 함께 있기를 더 좋아했다. 그들은, 예를 들어, 파리 사람들과 달리 저녁에 외식하기를 좋아하지 않았다. 실제로 주말에 영업하는 음식점은 그리 많지 않았다.

나는 식단을 봐도 뭐가 뭔지 도통 알 수가 없어 먹을 만한 요리가 뭔지 볼프강에게 물었다. 그가 자세히 설명하며 정식메뉴를 추천했다. 그날의 세트메뉴는 어류와 갑각류요리였다. 곤들 매기를 으깨어 만든 경단을 오븐에서 구워 크림소스를 곁들인 요리와 게살에 빵가루·치즈를 입혀서 오븐에서 구운 요리.

그래서 우리는 그날의 메뉴와 이 지방산(産)의 포도주 코트 뒤 론을 주문했다. 메뉴를 선호한 것은 단품(*à la carte*)보다 저렴하고 푸짐하기 때문이었다. 그러나 우리 처지에 값이 결코 싼 것은 아니었다.

"리옹 풍 요리 맞아, 우리가 주문한 것 말이야?"

"그럴걸. 그 외도 많지 뭐."

"싸지는 않은데."

"싸든 비싸든 오늘은 기분 좋게 귀족처럼 먹는 거다. 식탁 앞에서 돈타령은 금물이다. 밥맛 떨어져."

"그래, 내일은 내일이고, 우선 오늘을 즐기자! 호라티우스여, 후라!" 나는 한 음 올려 맞장구쳤다.

이웃 손님들이 우리에게 엷은 미소를 보냈다. 누가 떠들든 개의치 않고 좋게 봐주니 고마웠다. 내가 외국인이라서 그런가?

구운 생선경단이 구수했다. 크림소스 맛도 그만이었다. 나는 볼프강의 게살 그라탱을 조금 잘라서 맛봤다. 내 것보다 더 맛있었다.

"야, 네 것이 더 맛있다."

"원래 남의 떡이 더 맛있게 보인단다."

식사를 끝내는 마지막 코스는 향신료를 넣어 만든 우량의 생 치즈와 뒤따라 나오는 디저트였다. 디저트는 단맛이 나는, 그러나 약간 떫은 그레이프프루트. 리옹의 전통음식도 맛봤으니, 프랑스 여행은 식도락 여행이나 다름없었다. 하지만 리옹 풍 전통요리는 정말 따로 또 있었다. 거의 식사를 마치고 나서 코트 뒤 론을 마시고 있는데, 갸르송이 30대 초반의 두 여자를 우리가 앉은 바로 옆 좌석에 안내했다. 좌석과 좌석 사이에 간격이 거의 없으므로 우리 좌석에 앉은 거나 마찬가지였다. 드디어 예측대로 기다리던 '여우'가 나타났다. 브라보! 그것도 한 마리가 아닌 두 마리가. 더군다나 바로 옆자리에. 한 여자는 머리가 담갈색인데 반해 다른 여자는 머리를 노랗게 염색한 블론드였다. 담갈색 머리가 세련미가 있어 보였다. 가짜금발은 어쩐지 숙맥 같고 천해 보였다. 무엇이든 인위적으로 바꿔놓는 것은 그만큼의 진실을 잃게 된다. 따라서 천하게 보일 수밖에 없느니라. 미녀든 추녀든 굶주린 늑대가 찬밥 더운밥 가리게 됐나? 치마만 두르면 됐지, 안 그러냐? 하지만 배고파 죽을 지경에 이르면 모를까 나는 찬밥이 싫었다. 그나저나 두 '인어'(人魚)가 볼프강의 낚싯밥을 제대로 물까? 혹은 입질만 하고 그만둘까? 어디 두고 보자. 내 생각으론 입질만 하고 물지는 않을 것 같았다. 나는 괜히 헛된 상상만 하고 있노라니 한심하기 짝이 없었다. 두 '여우'는 앉자마자 수다 떨기 시작했다.

"볼프강, 저 '여우'들 뭐라고 나불대느냐?"

"야, 독일어 알아들으면 어쩌려고 그래?"

"참, 그렇군." 나는 즉각 입을 다물었다.

갸르송이 포도주와 잔 두 개 그리고 갖가지 치즈가 담긴 접시를 가져와서 두 여자 앞에 놓고 갔다. 나는 그들에게 cheers! 하고 잔을 들어 올려 보였다. 그들은 빙그레 미소 지으며 답례했다. 담갈색 머리가 한 모금 마시곤 내게 독일어로 말을 걸었다.

"아까는 독일어로 얘기하던데요. 영어도 곧잘 하나 봐요?"

나는 당황하여 그냥 얼버무렸다.

"조금. 미안해요. 난 또……"

그러자 이번엔 가짜블론드가 불어로 볼프강한테 물었다.

"독일서 왔어요?"

나는 불어를 전혀 알아듣지 못한 것은 아니었다. 기초 낱말 정도는 알아듣는 수준이었다. 볼프강이 "그렇다."고 대답했다. 그리고 "독일어를 잘하는 모양이죠?"라고 물었다.

"아네요, 난 몰라요. 하지만 영어는 좀 해요. 우리 둘 다." 노랑머리가 해명했다.

"그럼 우리 다들 영어로 얘기합시다." 나는 기뻐하며 제의했다.

그들은 나보고 어디서 왔느냐고 물었다. 일본? 중국? 한국? 볼프강이 불어로 나에 대한 정보를 대신 제공했다.

"리옹 전통음식은 어땠어요?" 담갈색 머리가 물었다.

"이 친구는 곤들 매기, 나는 게 요리."

"오, 그 외에 맛있는 요리가 많은데. 이를테면 닭 껍질 밑에 송로(松露)버섯을 채워 부용으로 삶은 요리도 있구요."

우리나라 삼계탕 요리와 비슷한가.

"생선을 으깨어 만든 경단에 소스를 얹어 오븐에서 구운 리옹 풍 크넬르도 있고, 생선에서 아로마와 즙이 새어나가지 않게끔 가제무스를 잘 입혀서 만든 농어 요리도 있고…… 미식의 도시답게 명물요리는 수없이 많아요."

"맛있겠다. 다음에 차차 먹어 봐야지." 나는 외쳤다.

"숙녀들은 이 지방산 보졸레를 마시는군요." 볼프강이 말했다.

"음. 젊은이들은?" 금발이 물었다.

"물론 코트 뒤 론 산이죠. 우리 바꿔 마십시다."

"그래요. 그리고 치즈도 좀 먹어 봐요." 금발이 권했다.

우리는 자연스럽게 정담을 엮어나갔다. 나는 담갈색과, 볼프강은 금발과 이야기를 나눴다. 금발은 종이쪽지에 몇 자 적어서 볼프강에게 건네주었다. 전화번호와 주소? 벌써 미끼를 단단히 물었나봐? 쪽지는 왜 준담? 당장 자리를 떠서 다른 데로 이동하면 될 걸. 섹스는 원 나이트 스탠드면 족해. 같은 여자 또 만나 구질구질한 관계를 유지할 필요 없잖아? 마음이 통하면 또 모를까. 나는 입속으로 중얼댔다.

"옛날 파리에서 공부할 때 룸메이트가 한국 유학생이었는데, 제 나라음식을 잘해 먹더라구요. 나도 덕분에 얻어먹어 봤어요. 어떤 음식은 어찌나 매운지 혀가 알알했어요." 담갈색 머리가 말했다.

"한국 음식은 매워요. 뭘 먹었는데요?"

"뭔지 이름은 모르겠어요. 여하튼 양념과 향신료 같은 것을 많이 쓰더군요. 참, 불고기 바비큐도 먹어봤어요."

"그럼 한국음식은 조미료 맛이로군?" 볼프강이 불쑥 한마디 내뱉었다.

"주로 발효음식. 그리고 마늘, 고춧가루, 간장 등 천연조미료를 많이 넣는 것도 사실이고. 육류든 어류든 그에 따른 양념은 어느 정도 필요하다고 생각해. 스테이크를 먹을 때도 소스나 케첩을 치잖아. 그러니까 내 말은 고기가 질이 좋더라도 그것 하나로 부족하다는 뜻이야."

잠시 후 금발이 끼어들었다.

"리옹에도 한국여자유학생이 더러 있는데, 소개해 줄까요?"

"아니, 싫어요."

"왜 싫어요? 예쁜 한국여자도 더러 눈에 띄던데……"

"이 친구는 한국여자에 관심 없어요." 볼프강이 대신 답하고는 슬쩍 말머리를 돌리며 제의했다. "숙녀분들, 우리 자리 옮길까요?"

일단 음식점을 나오자마자 두 여자가 눈치 채지 못하게 나는 볼프강의 소매를 잡아당기며 속삭였다.

"야, 집에 먼저 데려다 줘."

"왜? 같이 안 갈 거야?"

나는 고개를 저었다.

"담갈색 머리가 너에게 마음이 있는 것 같더라. 야, 나 혼자서 두 여자를 어떻게 상대해?"

"왜 못해? 너, 여자 다루는 솜씨만큼은 일가견이 있지 않나?"

"야, 난, 굶주린 늑대가 아냐."

"아냐?"

볼프강은 두 여자를 먼저 술집에 안내하고 그들의 양해를 구한 다음 나를 집까지 데려다주고 그 두 여자와 합류하기 위해 다시 사라졌다.

나는 소파에 누워 곰곰이 생각했다. 요컨대 나도 누구 못지않게 섹스를 즐기고 싶었다. 하지만 원 나이트 스탠드일지언정 전혀 모르는 여자와 잠자리를 함께 한다는 게 어쩐지 꺼림했다. 실은 낯선 상대와 섹스에 탐닉해야 스릴 넘치고 뒤탈이 없다고 하더라만. 결벽도 지나치면 여자를 잃게 마련이었다. 늦여름 밤인데도 한기가 돌았다. 외딴집에 혼자 밤을 지내자니 좀 무섭기도 했다. 바스락 소리만 나도 깜짝 놀라 벌떡 일어나기 일쑤였다. 밤잠을 설칠 것 같다고 생각하니 잠이 더욱 오지 않았다. 열린 창문 밖 덧창이 바람에 삐꺽거렸다. 뒤이어 현관문이 열리는 소리가 났다. 그리고 한 걸음 한 걸음 다가서는 가벼운 발걸음. 등골이 오싹하고 온몸에 소름이 끼쳐왔다. 몸을 움츠렸다. 달빛이 창문을 통해 희미하게나마 비쳤다. 이로 인해 거실은 칠흑같이 어둡지는 않았다. 볼프강이 벌써 돌아왔나? 자동차 소리가 들린 것 같기도 한데…… 아니다. 그는 인기척을 내고 들어왔을 것이다. 도둑? 아니다. 시골에 무슨 도둑이람? 꿈을 꾸는 건 아닌지 모르겠다. 나는 살며시 몸을 일으켰다. 무섭게도 거실 문턱에 어둔 형체가 어른거렸다. 가슴이 덜컹했다.

"게…… 누구요? 누가 …… 있어요?" 나는 말이 제대로 나오지 않아 더듬거렸다.

그러자 거실램프가 켜졌다. 돌연히 몽롱한 암전(暗轉)현상이 사라졌다. 낯익은 넓은 거실풍경이 다시 등장하는 가운데 램프불빛에 흰옷을 입은 여인의 모습이 비쳤다. 나는 기겁하고 소파에서 나둥그러졌다. 한밤중에 나타난 정체불명의 여인이 제일 무섭다고 하더니만…… 그것도 흰옷을 입은. 나는 한동안 정신을 잃었다. 시간이 얼마나 흘렀는지 몰라도 나는 슬그머니 눈을 떴다. 흰색 블라우스를 입은 여인이 내 어깨에 한쪽 팔을 두르고 물 컵을 내 입술에 대고 무어라고 중얼거렸다. 강한 불빛에 눈이 부셨다.

"이제야 정신이 들어요? 나 귀신 아니에요." 여인이 미소를 띠며 입을 열었다.

30대 중반쯤 되어 보이는 여자였다. 나는 몸을 바로 세우고 앉은 자세를 취했다.

"누구예요?" 나는 겨우 말을 꺼냈다.

"그런 젊은이는 누군데?"

나는 말문이 막혔다. 과연 내가 누구냐? 남의 집에 무단 침입하여 거실 하나를 딱 차지하고 있지를 않나…… 원, 세상에 객반위주도 유분수지, 어쩜 그럴 수가 있담?

"보아 하니 도둑도 아닌 것 같고 떠돌이도 아닌 것 같고…… 무슨 젊은 남자가 그리 겁이 많아? 여자를 보고 놀라 기절을 하다니? 나약한 겁쟁이처럼. 기절은 여자가 했어야 하는 것 아니에요?"

"저, 누군지 몰라요??"

"아니. 젊은이가 누군데?"

나는 내 입으로 참아 설명하기가 곤란했다. 주인의 친구의 친구? 아니면 간단하게 볼프강의 친구? 그럼 볼프강이 누구냐고 물으면? 그래서 잠자코 있었다.

"우리 집에 누군가 와 있을 거라는 짐작은 했건만…… 내가 누군지는 알겠어요?"

나는 안도의 숨을 내쉬고 고개를 끄덕였다.

"제니퍼. 미안해요. 진작 알아봤어야 하는데."

"내 이름은 어떻게 알았어요?"

"볼프강한테 들었어요."

"볼프강? 옳아, 뮌헨에서 온다던 그 두 친구가 바로 너희들이구나?"

"네. 약혼자가 알려주던가요?"

"응. 볼프강은 약혼자의 절친한 친구니까 내가 모를 리 없지. 한 해 두어 번 이곳을 어김없이 찾아와서 몇 주간 놀다가거든. 친구는 어디 있어요?"

"시내에."

"시내? 리옹에?"

"네."

"이름은?

"가이, 정가이."

"맞아, 볼프강 친구 가이. 친구를 혼자 여기에 남겨두고 어디서 술 마시고 있겠구나."

나는 고개를 흔들며 대답했다

"모르겠어요. 리옹에서 저녁을 먹고 나를 집에 데려다주고는 다시 나갔어요."

"뻔하지, 뭐."

"어딜 갔다 오셨어요?"

"그르노블에 거주하는 미국친구 집에 가서 놀다왔어."

"그르노블?"

"응. 너희들은 언제 왔어?"

"벌써 1주일 됐어요."

"내가 떠나고 바로 왔군. 뭘 먹고 지냈어? 냉장고가 텅 비어 있었을 텐데."

나는 웃으면서 "굶었어요."했다.

그녀도 "설마?" 하고 같이 웃었다.

"내일 맛있는 거 해 줄게. 가이는 왜 소파에서 잠을 자? 2층에 작은 방 하나 더 있는데."

"여기가 편해요."

"그럼 잘 자! 그리고 깨워서 미안해."

"아녜요. 잘 자요, 제니퍼."

그녀는 종종걸음으로 걷다가 계단을 밟을 때는 천천히 올라갔다.

아침에 일어나니 부엌에서 구수한 냄새가 났다. 나는 대충 씻고 옷을 주섬주섬 입고 나서 바로 부엌으로 갔다.

"굿 모닝." 인사하면서 나는 아침을 준비하는 제니퍼의 뺨에 가볍게 키스했다. 마치 남편이 아침에 일어나서 아내에게 "굿 모닝, 마이 달링!" 하고 인사하듯. 그걸 흉내 낸 꼴이 됐다.

"굿 모닝! 잘 잤어?"

"네. 집에 안주인이 있으니 확실히 다르네요."

"그래? 토스트기에 빵 좀 넣어줄래?"

나는 빵 조각을 토스트기에 집어넣었다.

"뭔 음식을 그리도 푸짐하게 준비해요?"

"1주일간 굶었다며?"

"언제 장을 다 봤나요?"

"그르노블에서 가져온 것도 있고, 아침에 일찍 일어나서 장을 본 것도 있고……"

제니퍼가 큰 접시에 베이컨, 스크램블드에그, 그리고 아기 자지처럼 생긴 자그마한 포크소시지를 담아 식탁 한가운데에 놓았다. 미국식 조반이었다. 나는 커피메이커에서 커피포트를 들고 와서 그녀의 잔과 내 잔에 커피를 가득 따랐다.

"이건 미국식 조반 테이블이란다. 어서 먹자."

우리는 각자 음식을 먹을 만큼 접시에 담아서 먹었다.

"정말 맛있다. 포크소시지."

"유럽서 구하기 힘들어."

나는 토스트를 세 조각이나 먹었다.

"제니퍼는 미국 어디서 태어났어요?"

"미네소타."

"그래요? 나도 미네소타에서 한동안 살았었는데…… 그곳 대학에도 다녔고."

"정말? 그래서 가이가 영어를 예쁘게 잘 하는군."

"뭘요! 미네소타는 호수가 많아서 정말 아름다운 곳이에요."

"스위스에 호수가 많다지만, 미네소타에 비하면 별것 아냐. 특히 북쪽에 호수가 더 많아."

"나는 미국에 또 언제 가보나?"

"공부 끝나면 놀러 와라!"

"말이라도 고마워요. 하기야 뉴욕에서 같이 공부하던 미국친구도 있는데……"

"그럼 더 잘됐네."

밖에서 자동차 소리가 났다.

"볼프강이 왔나보다." 제니퍼가 속삭였다.

볼프강이 바로 부엌에 들어서서 제니퍼를 보자,

"제니퍼! 언제 왔어?" 하고 양팔을 번쩍 쳐들고 환성을 질렀다. 그리고 가까이 다가가서 그녀와 악수하고 손등에 키스했다.

"아이, 담배냄새. 저리 가 앉아!"

그녀는 그를 두 손으로 밀어냈다.

"아침식사가 훌륭하군." 중얼거리면서 그는 의자를 당기고 앉았다.

"아침은 먹었어?" 나는 그의 부스스한 머리를 보고 물었다.

얼마나 요란하게 난리를 쳤기에 하룻밤 사이 눈에 핏발이 서고 얼굴이 핼쑥하냐? 밤새 한숨도 못 잤겠구나. 나는 속으로 말하면서 그의 잔에 커피를 따라줬다.

"응."

그는 그러나 토스트에 베이컨과 계란을 얹어먹었다.

"가이를 빈집에 혼자 남겨두고 너만 나가서 재미 봤니? 믿을 수가 없구나." 제니퍼가 일침을 놓았다.

"얘가 그러더니, 제니퍼? 사내가, 원, 일구이언을 하다니. 한사코 집에 가겠다고 억지 부린 인간은 누군데 그러냐?"

"그거야 가이가 순수하고 겸손하기 때문이지. 네가 오랜 친구로서 더 잘 알 텐데, 뭘" 제니퍼가 나를 열심히 대변하고 나섰다.

나는 묵묵히 앉아서 커피를 마셨다.

"순수하다구? 겸손하다구? 으악, 하하하……"

그는 너털웃음을 터뜨리며

"이 친구 말도 마. 제 몫이라면 챙길 것 다 챙겨. 뭘 모르네, 제니퍼." 하고 덧붙였다.

"그래도 너보다야 순수할 테지."

"그래, 그건 맞아. 여자에 관한 한……"

그는 커피를 마저 마시고 일어섰다.

"이불 속에 기어 들어가서 잠 좀 자야겠다. 한숨도 못 잤네."

그는 기지개를 켰다.

"알만하다." 제니퍼가 이 간단명료한 한마디로 그날 아침 대화의 총평을 내렸다.

나는 부엌에 남아서 설거지를 도왔다. 오후 늦게 제니퍼는 장 보러 나가고 없었다. 나는 혼자 당구연습을 하고 있는데, 볼프강이 그제야 일어나서 콧노래를 부르며 2층에서 힘차게 내려왔다.

"정신없이 잠자느라 점심도 못 먹었네."

"제니퍼가 저녁에 스테이크 해주겠대. 그러니까 한 끼 정도 굶어라."

"스테이크 먹고 정력을 또 어디다 다 쏟아 붓나?"

나는 웃었다.

"어젯밤 재미 많이 봤어?" 나는 호기심에서 물었다.

"재미? 정말 요란하게 놀아줬네."

"유부녀가 아니었어?"

"유부녀든 처녀든 귀부인이든 정숙한 숙녀든 한 꺼풀 벗겨보면 다 똑같거든. 성적 쾌락을 만끽하고 싶지 않을 인간이 어디 있겠냐? 몸통 없는 인간이라면 또 모를까. 육체는 존재의 거점이야. 태어나서 살맛나는 인생은 바로 세속적 에로스가 있기에 그렇단다."

"육체가 정신을 완전히 잠식하셨군."

"정신, 영혼? 그건 허울 좋은 말에 불과해. 세상에서 믿을 것은 단지 몸과 몸의 소통뿐이란다."

"그렇잖아, 볼프강. 동체만 있는 인간이란 얼마나 끔찍할까? 이를테면 미노타우로스(반인반수) 같은 것. 그래서 말인데 혼과 몸을 잇는 섹스도 있어. 거기에는 열정, 자극, 오르가슴, 황홀, 번뇌, 신성, 신비 등 골고루 다 조금씩 포함돼 있거든. 초월성을 겸비한 섹스야말로 진정한 섹스란다."

"누가 그따위 헛소리 지껄이던? 얼빠진 놈이 아니고서야…… 초월성을 겸비한 섹스? 너나 많이 즐겨라. 난 관능적 쾌락만 맛보면 그만이야. 네가 말한 초월적 섹스는 내생에 가서 탐구해 볼게."

"너도 내생을 믿느냐? 감동할 노릇이로군. 야, 지나가는 소도 웃겠다."

"어디서든 '내가 있음'을 확인한다면 못 믿을 것도 없지 뭐. 어디로 가든 자기를 철저히 찾아라. 그게 나의 철학이거든."

"알았다, 그 개똥철학. 어디로 갔었어? 호텔로?"

"호텔로 왜 가니? 돈 들게. 노랑머리 집에 가서 파티를 열었어. 담갈색 머리도 함께."

"남편은 어디 가고?"

"모르지 뭐. 사업상 주로 남미에 자주 출장 간다더라. 알게 뭐냐? 근데 담갈색이 몇 번 묻더라. 너, 어디 갔느냐고. 네가 따라왔더라면, 더 신나게 놀았었을 텐데 말이야. 겁쟁이."

"고양이 쥐 생각하는군."

가을이 점점 깊어만 가니, 프랑스 휴가도 끝날 때가 차츰차츰 다가왔다. 이곳 론 지방을 떠날 때를 대비하여, 나는 볼프강에게 돌아갈 루트를 물었다. 그의 대답은 간단했다. 리옹-제네바-장크트 갈렌-뮌헨. 그는 제니퍼도 뮌헨까지 동행하여 뮌헨공항에서 프랑크푸르트 행 비행기로 갈아타서 거기서 약혼자와 합류하기로 돼 있다고 알려줬다. 스위스 국토 횡단? 그러니까 독일과 프랑스 사이에 끼어 있는 스위스를 서남부의 말단에 위치한 제네바에서 동북부의 국경근처에 위치한 장크트 갈렌까지 비스듬히 대각선으로 가로질러 간다는 것이었다. 장크트 갈렌! 갑자기 가슴이 설렜다. 볼프강이 장크트 갈렌을 거쳐서 간다고 말하자 즉각 사라가 떠올랐기 때문이다. 어차피 여로의 중간지점인 그곳을 경유하면 고모 집에서 하룻밤 묵고 가도 괜찮겠다고 생각했다. 그래서 친구에게 제의했다. 리옹에서 뮌헨까지 너무 긴 여행이니 중간지점인 장크트 갈렌에서 하룻밤 묵고 가면 어떠냐고. 그는 대뜸 날카로운 눈초리로 노려보며 되물었다. "너, 거기 아는 여자 있구나?" 나는 옛 지도교수의 수양딸이 장크트 갈렌의 고모 집에 살고 있다고 해명했다. 그리고 어차피 그곳을 경유하니 만나보고 싶다고. 문제는 제니퍼였다. 결국 우리는 제니퍼의 의견을 물었다. 그녀는 기꺼이 시내호텔에 투숙하겠다며 우리 계획에 맞춰 여행일정을 짜라고 했다. 나는 서둘러 사라에게 편지 한 통을 써서 보냈다. 예정대로 그녀는, 아버지가 돌아가시자, 고모를 따라 주거지를 스위스로 옮겼었다. 그 후 나는 그녀를 한 번도 만나지 못했다. 그간 물론 카드와 엽서는 여러 차례 써 보냈지만. 처음 만났을 때 사라는 열 네다섯 살의 귀여운 소녀였다. 이제는 의젓한 숙녀로 자라서 나처럼 대학에 다니겠지? 뭘 전공하는지 궁금했다.

볼프강이 외출하고 없는 사이 - 어디로 간다고 말도 없이 사라졌다 - 제니퍼는 나를 이웃 고성(古城)에 데리고 갔다. 이웃이라고 하지만 자동차로 20분 정도의 거리였다.

고성은 성주(城主)가 개조하여 저택으로 사용하고 있었다. 하지만 외형(外形)은 옛날 모습 그대로였다. 고성답게 요새처럼 견고했다. 건물 뒷면에 푸른 잔디가 깔린 큰 정원이 있었다. 시원한 그늘을 드리우고 있는 우거진 나무. 맑고 산뜻한 주변 환경. 나무 밑 그늘진 곳에 원탁이 놓여 있었다. 그 위에 포도주와 술잔들, 치즈와 바게트가 담긴 바구니. 성주는 50대 남자였다. 귀 위의 옆머리가 희끗희끗했다. 귀족 티가 났다. 백작 후손쯤 되어 보였다.

제니퍼가 나를 소개하자, 남자는 다정하게 악수를 청했다. "Nice to meet you." 남자는 제니퍼를 정원에 남겨두고 나를 건물 안으로 안내했다. 내부는 상당히 넓었다. 넓은 탓인지 또 시원했다. 많은 방, 많은 복도. 대형 거실은 그림들로 가득했다. 방에 보관된 그림도 많았다. 내가 아는 화가이름도 더러 눈에 띄었다. 진짜냐고 물어보고 싶었는데 무례한 질문이라 삼갔다. 진짜라면 그는 부자임에 틀림없었고, 가짜라면 글쎄…… 하여간 의문투성이의 남자였다. 이 으리으리한 저택에 혼자 거처하는 것도 그렇고…… 아무 인기척도 없었다. 우리는 다시 정원으로 나왔다. 제니퍼는 먼 남향 경사지의 포도밭을 바라보며 명상에 잠겨 있는 듯 보였다. 나는 의자를 끌어당겨 그녀의 의자 바로 옆에 놓고 앉았다. 남자는 포도주를 따서 우리 잔에 부어주고 멀리 떨어진 자리에 가서 앉았다.

나는 잔의 다리를 잡고 맛을 본 뒤 한마디 던졌다.

"이 포도주는 진한 루비와 자줏빛을 띤, 체리와 초콜릿 맛처럼 향긋한데요. 보졸레 햇포도주는 아닌 것 같고……"

"보졸레 누보는 매년 11월 중순쯤 출하되죠. 이 포도주는 특정지역에서 특정품종을 수확하여 만든, 그리고 장기간에 걸쳐 숙성된 고급포도주요." 성주가 대답했다.

"숙성기간이 길다고 해서 꼭 품질이 좋은 것은 아니죠?"

"그건 그래요. 병입 후에도 숙성은 계속되죠. 그리되면 과숙해질 수도 있고요. 단지 신선한 맛을 보기 위해서라면 보졸레 누보처럼 최근의 수확연도를 택하는 것도 좋고요. 예를 들어 늦가을 무렵의 완숙한 포도를 수확하여 만든 포도주는 최장 숙성기간이 5년에서 10년까지고, 과숙한 포도알을 선별하여 만든 포도주는 10년쯤 지나야 최고의 상태에 도달할 수 있는걸요. 그러니까 아주 고급포도주가 아닌 이상 가이씨 말대로 숙성기간이 길다고 무조건 좋은 것은 아니죠. 될 수 있으면 어린 상태에서 마시는 게 좋아요." 그는 강의하듯 길게 설명했다.

"위스키나 코냑과 달리 포도주는 제조연도와는 아무 상관없다는 말씀이네요."

"수확기의 성숙정도가 품질의 수준을 좌우한다고 보는 거죠."

"가이는 이제 포도주 전문가가 다 됐네. 지하 포도주 저장고를 한 번 보면 너야말로 놀랄 게다. 생산지별로 포도주가 가득 저장돼 있거든. 한번 보여주지 그랬어요, 아저씨? 볼만한데……" 제니퍼가 아쉬운 표정을 지으며 말했다.

"제니퍼가 너무 오래 기다릴까봐 못 보여줬어. 다음에."

아저씨와 제니퍼는 어떤 관계지 궁금했다. 사실 이 신비의 저택에 들어서자 궁금한 게 한두 가지가 아니었다. 고성 자체도 신비스럽지만 주인으로 자처하는 남자의 정체와 신분, 부와 사치 등 모두 신비에 싸인 듯 겉으로 드러난 게 하나도 없었다. 소설 속에서나 있을 법한 인물이 이 세상에 뭐 한두 명인가?

"놀랄 일이 한두 가지가 아니네요." 나는 입속말로 중얼거리다 말고 언성을 약간 높여 덧붙였다. "궁궐 같은 저택에다 벽에 온통 그림뿐이라서 미술관에 들어선 것 같은 착각에 빠질 정도예요."

"가이야, 여기는 값싼 물건은 하나도 없단다. 그림, 포도주, 코냑 등등." 제니퍼가 설명했다. "그림 몇 점만 팔아도 몬테카를로에서 꽤 오랫동안 초호화생활을 누릴 수 있을걸. 안 그래요, 아저씨?"

"글쎄다? 뭐 그럴 수도 있겠네." 하고 그가 점잖 빼듯 대꾸했다.

하필이면 왜 몬테카를로야? 제주도 서귀포도 있는데.

남자는 포도주를 최대한으로 음미하듯 색과 향기를 먼저 감상했다. 그러고는 한 모금 입에 넣어 한 번 돌려 구강에서 맛보고 나서 목구멍으로 넘겼다. 나도 그가 하는 대로 한 번 따라 해 봤더니 오묘한 뒷맛을 느낄 수가 있었다. 그때 마침 똥파리 한 마리가 난데없이 나타나서 허공을 윙윙대며 맴돌다가 갑자기 자살특공대처럼 제니퍼의 포도주잔에 퐁당 빠졌다. 저런, 몹쓸 놈 같으니라고! 나는 그걸 보고 몹시 언짢아했다. 왜 하필 숙녀의 잔에? 나쁜 자식! 제니퍼는 아무렇지도 않다는 듯 긴 손가락 두 개, 즉 집게손가락과 가운뎃손가락을 잔에 집어넣고는 똥파리를 끄집어내어 바닥에 던져버리고 남은 포도주를 쭉 들이켰다. 나 같으면 아무리 비싼 술이라도 버렸을 텐데, 제니퍼는 그러지 않았다. 똥파리 녀석이 똥이나 오줌을 그 안에다 찍 갈겼는지 누가 알아? 설사 똥오줌을 안 갈겼다 해도 그렇지…… 제니퍼는 아마 이렇게 생각했을 것이다. 곤충의 똥오줌이 인간의 배설물보다 나은 거름이 된다고. 나는 제니퍼의 빈 잔에 술을 부었다. 그녀는 바게트 조각에 치즈를 얹어 먹고 다시 술을 몇 모금 연달아 마셨다. 입안을 열심히 소독하려는 듯. 나도 내가 좋아하는 블루치즈 로크포르를 잘라서 빵에 얹어 먹었다. 우아, 맛있다!

"며칠 후 뮌헨으로 떠나요. 볼프강의 차에 동승하여 따라가기로 했어요. 뮌헨서 프랑크푸르트로 가서 토미를 만나 1주일 정도 휴가를 보내고 돌아올 예정이에요."

토미는 토마스의 애칭으로 제니퍼의 약혼자였다. 성주는 양미간을 세우며 "그래?"했다. 그리고 다시 포도주 한 모금을 - 이번엔 맛보기 의식은 생략하고 – 바로 마시고는 머뭇대다 물었다.

"볼프강은 왜 같이 안 왔어?"

"오전에 말도 없이 어디론가 사라졌어요. 외로운 가이를 혼자 남겨두고. 나쁜 놈!" 제니퍼가 투덜댔다.

어찌 된 셈인지, 이날 오후는 불쌍하게도 볼프강과 똥파리가 같은 부류, 같은 종자로 분류되어 '나쁜 놈'이라는 낙인이 찍혀버렸다.

"향락을 좇는 자! 여자 만나러 갔겠구먼?" 그는 '향락'이란 단어를 포도주 음미하듯 강조했다.

"내일 저녁에 송별파티를 계획하고 있어요. 오실 거죠?"

"제니퍼가 초대하면 가야지. 내가 젊은이들 틈에 끼어도 괜찮아?"

"아저씨가 무슨 나이가 많다고 그러세요?"

"포도주와 치즈는 내가 가져갈게."

"정말 그래주시겠어요?"

"제니퍼, 속 보인다. 초대하는 이유가 포도주 때문이라고 그러시겠어." 나는 웃으며 놀리는 투로 말했다.

남자도 따라 피식 웃으며 맞장구쳤다.

"가이씨가 옳게 지적했네."

제니퍼가 내 쪽을 힐끗 돌아보면서 소리쳤다.

"가이야, 너, 얌전히 굴지 못해? 오늘 저녁 주나 봐라."

나는 상기한 얼굴로 대꾸했다.

"뭐 굶으면 되죠."

"제니퍼가 저녁을 굶기거든 – 설마하니 그럴리야 없겠지만 – 내가 치즈랑 와인이랑 줄 테니 그걸로 끼니를 때워요."

성주는 뒷문을 통해 건물 안으로 들어가서 한참 후에 다시 나왔다. 약속대로 우리에게 〈샤또 마고〉인지 뭔지 상품명이 붙은 고급 포도주 두 병과 여러 종류의 치즈를 담은 종이봉투를 건네줬다.

돌아가는 길에 나는 제니퍼에게 물었다.

"누구예요?"

"누구?"

"성주 말예요?"

"친구. 그냥 친구."

"직업은 뭐예요? 가족은 없어요?"

"나도 잘은 몰라. 가족? 성주는 결혼이란 족쇄를 스스로에게 채워 수인(囚人) 생활을 할 그런 위인이 못된단다. 거룩한 일로, 이를테면 믿음 하나로, 수행하는 수도자를 보고 괴짜라고 할 수 없듯이, 사회적 통념에서 일탈한다고 해서 그를 괴짜라고 매도할 수는 없거든. 성주 아저씨는 유산을 많이 물려받았나 봐. 그것도 자기 복이다. 돈이 많으니까 세계 각국을 여행하면서 보고 느끼는 그 자체가 인생 아니겠니? 게다가 여러 나라에 산다는 것은 여러 인생을 산다는 것과 같대. 그에겐 일정한 주거지가 없어. 주거지가 전 유럽에 흩어져 있는 모양이야. 이곳저곳을 갈마들며 찾아다니는 인생행로, 여름 내내 여기에 머물다가 늦가을이 되면 따뜻한 남쪽지방을 찾아 훌쩍 떠나는 자유인. 여하튼 그는 우리에겐 고마운 분이야. 우리가 이곳에 정착할 때 도움을 많이 받았거든. 집 지을 때 건축 자제를 때론 싸게 때론 공짜로 공급받은 적도 있고. 그밖에 여러 가지 도움을 받았어."

"집을 손수 지었다고요?"

"응, 토미와 내가 함께 지었어."

"어쩐지 좀 어설프다했다."

"가이야, 말 다 했니? 오늘 두 번이나 모욕적인 발언을 서슴지 않았다."

"변소가 바깥에 있는 게 이상하잖아요. 그렇다고 아프리카의 오지에 사는 것도 아니고. 겨울에 접어들면 추워서 어떻게 변을 봐요? 볼기가 얼어서 항문도 수축할 텐데."

"가이야, 그만……"

"한국서도 벽촌을 제외하곤 옥외변소가 있는 곳이 드문데, 하물며 프랑스란 나라에서 그런 원시적……" 나는 말을 잇지 못했다.

제니퍼는 어이가 없는지 내 짓궂은 농담을 웃어넘길 듯하다가 물었다.

"왜, 내가 바깥에서 변을 본다니까 슬프니?"

"그럼요."

"난로를 갖다놓고 뜨뜻이 하면 되잖아?"

"정말 원시적인 발상이네요." 하고 나는 차창 밖을 내다보며 힘껏 소리 질렀다.

송별회가 열리는 날, 저녁 6시경. 제니퍼와 나는 갖가지 음식을 마련하는 것부터 시작하여 당구대를 한쪽구석에 밀어붙이고 거실에 상을 차리는 것까지 오후 내내 분주했다. 포도주는 성주 아저씨가 가져온다고 했으니 준비할 필요가 없었다. 볼프강은 여자 파트너를 데려온답시고 또 오후 늦게 나가 버렸다. 제니퍼는 그가 집에 있든 없든 별로 상관하지 않았다. 있어봤자 오히려 방해만 될 테니 차라리 없는 게 낫다고 생각했을 것이다.

마당에서 자동차 경적이 울렸다. 볼프강 아니면 누구겠어? 아니나 다를까, 그는 여자 두 명을 데리고 들어왔다. 여자 두 명은 바로 그 가짜금발과 담갈색이었다. 볼프강이 두 여자를 제니퍼에게 소개했다. 나는 소개받을 필요도 없었다. 담갈색 머리가 내게 다가와서

"그날 저녁 왜 달아났니?"했다.

"달아나긴 누가 달아나요? 피곤해서 그냥 집에 갔을 뿐이에요." 나는 퉁명스럽게 대꾸했다.

"나, 싫어?"

"아뇨. 나, 여자 좋아해요. 여자를 좋아하지 않은 남자가 어디 있겠어요? 앉으세요!"

나는 그녀를 소파로 안내했다. 금발이 제니퍼와 한참 얘기하다가 나를 보고 손을 내밀었다. 악수 후 나는 그녀를 담갈색이 앉아 있는 소파로 데려갔다.

6시가 지나자 손님들이 한꺼번에 들이닥쳤다. 성주 아저씨, 이웃청년 두 명, 한 쌍의 젊은 부부. 젊은 부인은 공교롭게도 빨강 머리였다. 주근깨가 돋아 있는 하얀 얼굴피부. 파란 눈동자. 그들은 다 알음알음이 있는 사이였다. 한 청년은 성주 아저씨의 자동차 트렁크에서 포도주 박스를 들고 들어왔다. 아저씨는 치즈봉투를 제니퍼에게 건네줬다. 젊은 부부도 포도주 두 병을 가져왔다. 제니퍼는 금발과 담갈색을 다른 손님들에게 소개했다. 아저씨와 담갈색 머리! 두 사람은 처음부터 서로 쳐다보는 눈빛이 어쩐지 수상쩍어 보였다. 무슨 일이 일어날 것만 같았다. 볼프강이 방해꾼처럼 둘 사이를 갈라놓고 아저씨의 팔을 잡고 구석에 데려가서 귓속말로 다정하게 소곤소곤 속삭였다. 간간이 웃음소리도 들렸다.

손님들은 거실 한쪽에 빙 둘러앉아 음식과 포도주를 즐기며 끼리끼리 담소를 나눴다. 아저씨와 담갈색은 소파에 나란히 앉아 남의 말은 엿듣지도 않고 둘만의 시간을 즐기는 한 쌍의 행복한 연인처럼 보였다. 그러나 어느 누구도 이에 신경 쓰지 않았다. 볼프강은 웬 수다가 그리도 많은지! 목소리가 커서 자기 말밖에 들리지 않았다. 나는 대화에 끼어들 처지도 못되어 4명의 여자를 차례대로 세밀히 관찰했다. 빨강머리, 노랑머리, 담갈색 머리, 그리고 제니퍼. 제니퍼의 머리카락은 엷은 노란빛이 약간 섞인 담갈색을 띠었다. 내가 머리 색깔을 잣대로 삼아 여자를 평가하다니…… 실은 그게 아니었다. 뭐니 뭐니 해도 미에 관한 한 미국여자 제니퍼가 다른 여자들을 능가했다. 나머지 3명은 다 엇비슷했다. 굳이 순위를 매기자면 1위는 빨강머리(성적 매력 때문에), 2위는 담갈색 머리, 3위(꼴찌)는 노랑머리였다. 본인들이 들었으면 벌 떼처럼 달려들어 '네가 뭔데 우리 여자들을 평가하니? 돼먹지 못하게.' 하고 나를 독침 같은 손톱으로 마구 할퀴어댔을 것이다. 그나저나 나 개인의 미적 기준은 상당히 높은 편이었다. 하지만 미적 수준이 높으면 높을수록 너저분한 탐심만 자극할 뿐, 진정 여자로부터 멀어진다는 사실 또한 알아야했다.

어쩌다가 주제가 성(性) 담론으로 이어졌다. 볼프강이 머지않아 '핵전쟁'이 일어날 것이라고 선언했다. 다들 무슨 소린지 영문을 몰라 어리둥절했다. 그는 우리 개개인의 가장 내밀한 육체적 영역이 '성'이라며, 그 '성'이 삶의 기본요소를 구성하는 '핵'이 되어, 아니 나이아가라나 이과수 폭포처럼 활력이 넘쳐흐르는 '핵폭탄'이 되어 인간세계를 연출하고 개개인의 정체성을 규정한다고 설명했다. 또 여태껏 그렇게 해 왔고, 단지 그걸 깨닫지 못했을 뿐이라고 강조했다. 따라서 '핵'은 원자가 아니라 성이고, 이 '성의 힘'에 의하여 성 풍속이 지금과는 완전히 다르게 발전한다는 것이었다. 어쨌든 성 풍속도가 완전히 새로 그려진다니 어쩐다니 하며 잡소리를 지저분하게 늘어놨다. 젊은 부부와 두 청년은 자기들끼리 속닥거리느라 그의 말을 제대로 귀담아 듣지도 않았다. 성주 아저씨는 노골적으로 한쪽 팔로 담갈색의 어깨를 감싸 안았다. 그러자 여자가 냉큼 엉덩이를 약간 들고 그에게 바싹 달라붙었다. 둘은 귓속말을 주고받았다. 뭔가 벌어질 듯 상황이 위태위태했다. 제니퍼가 빈 접시들을 들고 일어서서 나더러 따라오라고 손짓했다. 나는 그녀를 따라 부엌으로 들어갔다.

"가이야, 접시에 음식 담아줄게 탁자 위에 갖다 놓아다오. 샌드위치도 다 먹고 없더라."

"진짜 날쌔게 먹어치우더라." 나는 혼잣말로 중얼거렸다.

"너는 왜 안 먹었어?"

"샌드위치 하나 먹었어요. 근데 아저씨 정말 노골적이네요, 제니퍼."

"놔두렴. 볼프강이 인체의 핵심은 '애욕'이라고 말하지 않더냐. 못 들었어?"

"그걸 믿어요, 제니퍼? 내겐 횡설수설로 들리던데."

"기존의 성 가치관이 무너지는 것만은 확실해. 주의해, 가이야. 이제부터는 남성의 육체가 여성의 욕구와 일탈의 대상이 될 테니까."

나는 접시들을 거실탁자에 올려놓았다. 제니퍼가 오디오를 켰다. 잔잔한 음악이 흘러나오자 기다렸다는 듯 아저씨와 담갈색, 볼프강과 금발, 빨강머리와 남편이 일제히 일어서서 서로 부둥켜안고 스텝을 밟기 시작했다. 나는 같은 또래의 두 청년에 다가가서 술을 권했다. 그들은 볼프강과도 잘 아는 사이였다. 토미가 집에 와 있을 때면, 넷이서 함께 어울려 논다는 것이었다. 나는 넷이서 함께 어울려 주로 무슨 유희를 즐기느냐고 물었다. 질문 내용이 이상한 뉘앙스를 띠었다. 그들은 약간 당황하면서 머뭇댔다. 무슨 유희? 하기야 좀 이상하게 들릴 수도 있겠구나, 하고 나는 생각했다.

"주로 여자들과 즐거운 시간을 보내지 뭐." 한 청년이 스스럼없이 떠벌렸다.

"남녀들의 놀이, 춤, 사랑나누기 등등." 다른 청년이 가세했다.

사랑나누기? 듣기 좀 이상했다. 나는 갑자기 질투가 나서 물었다.

"그 유희에 설마 제니퍼도 가담하는 것은 아니겠죠?"

"뭐, 가끔. 토미와 제니퍼는 30대 중후반이라 좀 보수적이라서……" 한 청년이 밝혔다.

그건 또 무슨 소리냐? 가끔? 그리고 보수적이라니?

나는 계속 앉아있기가 거북하여 후닥닥 일어나서 마당으로 나갔다. 춤을 다 추고 언제 바깥으로 나왔는지 볼프강과 금발, 젊은 부부 그리고 제니퍼가 빙 둘러서서 얘기하고 있었다. 아저씨와 담갈색은 보이지 않았다. 그의 자동차도 없었다. 나는 제니퍼가 서 있는 데로 가서 그녀의 손을 잡고 말했다.

"아저씨와 담갈색이 안 보이네요. 제니퍼?"

"한 발 늦었어. 둘이서 함께 줄행랑치고 말았어. 가이야."

"그렇구나. 빠르다. 제니퍼, 춤 한 번 추지 않겠어요?"

"그래, 춤 한 번 춰봐, 제니퍼. 가이 춤 잘 추거든." 볼프강이 옆에 있다가 거들었다.

제니퍼와 내가 거실에 다시 들어갔을 때는 두 청년도 이미 어디로 갔는지 없었다. 텅 빈 거실의 스산한 분위기를 훈훈하게 만든 것은 따뜻한 선율이었다. 온화한 음악은 우리를 기다리고 있는 듯했다. 나는 제니퍼의 허리를 세게 껴안고 스텝을 옮길 듯 말 듯하며 조금씩 움직이자 고즈넉한 안락함을 느꼈다.

"춤은 언제 배웠어?" 그녀는 나를 힐끗 한 번 쳐다보고 말했다.

"옛날에 조금. 잘 못해요."

아드리안과 춤추던 때도 먼 옛날처럼 느껴졌다.

"프로급인데."

"아녜요.

"제니퍼?"

"왜?"

"우리, 키스해요."

그녀는 나의 갑작스러운 요구에 기가 막히는지 웃음을 터뜨렸다. 화를 안 낸 것만 해도 다행이었다.

"춤추고 싶다, 키스하고 싶다…… 그 다음엔 뭘 요구할 텐데?"

"요구할 것도 없죠 뭐. 그 다음은 저절로 일어날 테니깐."

"능구렁이 다 됐군. 키스가 없으면 그 다음 일도 없다. 잘됐네."

그녀가 내 어깨 위에 얹어놓은 손을 내리고 내게서 몸을 빼는 듯했다.

"거 좀 가만히 있어줘요, 제발, 제니퍼."

그녀는 마지못해 내 입술을 가볍게 터치했다.

"됐지?"

"아이, *Do in Rome as the Romans do*(입향순속)란 속담이 있잖아요. 프랑스에 왔으니 키스도 프랑스식으로 해야죠."

"가이야, 나, 정말 화낸다." 그녀가 경고했다.

경고해도 이미 때는 늦었다. 나는 그녀의 입술을 잽싸게 훔쳤다. 동시에 아랫입술을 가볍게 깨물고 나서 부르짖었다.

"난, 당신한테서 영혼의 타액까지도 빨아 삼키고 싶어요."

"영혼의 타액? 그건 또 뭔데?" 그녀가 눈을 흘기며 물었다.

"나도 몰라요. 그러나 의미심장한 말임엔 틀림없어요." 나는 횡설수설했다.

음악이 종료되자, 나는 그녀를 아쉽게도 놔줬다. 때마침 뜰에서 얘기하던 손님들이 몰려들어왔다. 두 청년도 함께 나타났다. 그들은 친절하게 빈 접시들을 부엌에 갖다놓고 빈 병들을 박스에 담아 밖에 내다놓았다. 손님들은 파티를 파할 때라며 제니퍼에게 작별인사를 했다. 볼프강은 금발을 집에 데려다주고 오겠다며 그들과 함께 나갔다.

"또 밤새고 들어올 거니, 볼프강!" 제니퍼가 소리쳤다.

"이따 보고. 하지만 기다리지 마, 제니퍼." 그는 밖에서 되받아쳤다.

"미쳤어? 내가 너를 기다리게."

"하여간 못 말리는 친구로군." 나는 혼잣말했다.

손님들이 모두 떠나고 난 뒤 나는 제니퍼에게 말했다. 부엌은 내가 대충 정리할 테니 먼저 올라가서 자라고. 그러자 그녀는 양팔을 내 어깨에 걸치곤 "고맙다, 가이야!" 하고 굿나이트 키스를 했다. 그러나 내가 바라던 프렌치 키스나 딥 키스는 끝내 해주지 않았다.

드디어 떠날 날이 왔다. 그때가 마침 주말이었다. 우리는 오전 10시경에 출발했다. 리옹을 떠나 제네바에 도착했다. 도심에 들어서자 대형분수대에서 뿜어내는 시원한 물줄기가 화려했다. 분수라면 로마를 떠올린다. 로마는 과연 분수의 도시라고 해도 과언이 아니다. 르네상스-분수들은 아름답다. 우리는 도심을 지나 근교에서 점심을 든든하게 먹고 목적지까지 계속 달렸다. 긴 여행

끝에 저녁 무렵 장크트 갈렌에 도착했다. 마치 타향을 떠돌다 고향에 돌아온 기분이었다. 불어를 몰라 의사소통에 애를 먹었기 때문이다. 후유, 드디어…… 독어권 스위스에 들어왔구나. 제니퍼를 시내호텔에 혼자 남겨두고 우리끼리만 고모 집에 가기가 미안했다. 아니, 미안할 뿐만 아니라 안타깝기까지 했다. 숙녀를 호텔에 혼자 남겨두다니? 제니퍼도 고모 집에서 하룻밤 묵을 수 없는지 사라한테 물어볼 걸 잘못했다. 방이 모자라면 사라 침대에서 같이 자면 되잖아! 전화를 걸어볼까? 아니다. 너무 폐 끼치는 것도 좋지 않다. 나는 스스로에게 말했다.

전원의 정취가 풍기는 교외는 조용했다. 약간 경사진 곳에 자리 잡은 아담한 2층집이 고모 집이었다. 1층은 식당과 거실, 2층은 침실 4개. 단출한 식구. 고모, 고모부, 사라, 친딸 하이디. 4인 가족. 다시 만나게 될 줄이야…… 아무튼 반갑기 그지없었다. 고모부는 초등학교교장이어서 그런지 전보다 위풍당당해 보였다. 나는 볼프강을 소개했다. 그리고 일행 중 한 친구가 호텔에 투숙하고 있다고 언급했다. 고모가 여자를 혼자 호텔에 묵게 했느냐고 질책하듯 말했다. 옆에서 듣고 있던 사라도 자기 방에서 같이 자면 될 텐데, 왜 그랬느냐고 서운한 기색을 보였다. 내 생각이 짧았음이 입증된 순간이었다. 나는 제니퍼에 대한 미안한 마음을 속으로 삭일 수밖에 없었다. 결국 고모부의 제안에 따라 제니퍼를 다음날 디너에 초대하기로 의견을 모았다. 사라는 어엿한 숙녀로 자라서 옛날의 그 앳된 모습은 하나도 찾아볼 수가 없었다. 취리히 대학에 다닌다고. 전공은 아동심리학. 고모처럼 장차 교사가 되고 싶다고 등등. 그녀는 명쾌한 어조로 제 장래의 진로에 대해 설명했다. 하이디는 고등학교학생이었다. 말라깽이에다 머리를 길게 길러 더 말라 보였다. 그녀의 머리카락은 거의 엉덩이까지 내려와 치렁거렸다. 식사 전에 나는 성주 아저씨에게서 받은 고급포도주 두 병 - 제니퍼가 자기 것도 내게 줬다 -을 고모에게 선물했다.

스위스는 초콜릿 외에 치즈로 유명한 만큼 저녁식사로 스위스의 대표적인 요리 치즈 퐁뒤(fondue)를 맛봤다. 퐁뒤는 프랑스어로 '녹다'의 과거분사 형 '녹았다'란 말이다. 그러니까 법랑냄비에 포도주와 향로를 섞어 넣어 끓여서 여기다 여러 가지 치즈를 녹여 자그맣게 자른 빵을 찍어 먹는 요리이다. 배불리 먹을 수 있는 푸짐한 음식은 아니지만 독특한 향토음식을 맛볼 수 있는 좋은 구르메 음식이다. 특히 포도주를 곁들이면 맛을 더 즐길 수 있다. 물론 고기 퐁뒤도 있다. 쇠고기를 막대기에 꽂아 오일을 넣은 냄비에 튀겨내어 양념을 발라서 포도주와 곁들여 먹는 요리이다. 퐁뒤 조리법은 쉽지 않았다. 뮌헨에 돌아가서 몇 번 시도해 봤으나 영 제 맛이 나지 않아 모두 실패로 끝났다. 볼프강이 보다 못해 충고했다. 남의 나라음식을 흉내나 내며 만들지 말고 '네 방식' 대로 개발한 음식을 만들라고. 이를테면 '잡탕' 같은 것. 술을 거나하게 마신 데다 여독도 채 풀리지 않아 식사 후 거실에 앉아 있자니 눈이 사르르 감길 듯 말 듯 했다. 결국 침대에 쓰러지자마자 세상모르고 잤다.

오전 11시경에 볼프강이 제니퍼를 데려오기 위해 호텔로 가고 없을 때 사라가 고모내외와 하이디가 있는 자리에서 운을 뗐다. 가이씨를 여기서 며칠 묵게 하면 어떠냐고. 나는 그녀의 친절한 제의에 감사했다.

"그래. 좋은 생각이구나, 오늘 친구들과 꼭 함께 떠날 필요가 없다면야……" 고모부가 거들었다.

"스위스는 꼬마 나라지만 볼거리가 실로 많아요. 이왕 여기까지 왔으니 등산도 하고 놀다가요." 고모도 아름다운 스위스를 자랑삼아 얘기했다.

"등산 가면 나도 따라갈래." 조용히 앉아 있던 하이디가 마침내 입을 열었다.

"친구들과 꼭 함께 돌아가야 할 필요는 없지만……" 나는 폐를 끼친다는 생각에서 조심스레 말을 꺼내다 말고 얼버무렸다.

"그럼 됐다." 사라와 하이디가 합창했다.

12시경에 볼프강과 제니퍼가 도착했다. 제니퍼는 산뜻하게 치장하고 나타났다. 가벼운 정장에 파스텔조의 블라우스를 받쳐 입었다. 나는 현관에서 다정하게 그녀의 손을 잡고 귓속말로 속삭였다.

"우아, 몰라보게 예쁘다, 제니퍼."

"고맙다."

"미안해요. 호텔에 묵게 해서. 안 그랬어도 괜찮았는데. 내 생각이 모자랐나 봐요."

"괜찮아, 가이야. 피곤해서 초저녁부터 정신을 잃고 잤어."

볼프강이 제니퍼를 가족에게 일일이 소개했다.

제니퍼는 사라를 보고

"네가 사라구나? 가이가 얘기 많이 하더라. 반갑다."고 말했다.

고모는 옛 친구를 만난 듯 제니퍼를 반갑게 포옹하면서 영어로 부르짖었다.

"You are just beautiful."

까막눈이 아닌 이상 영어 모르는 유럽인은 거의 없다. 아시아인들은 영어 하나만으로 유럽여행을 충분히 즐길 수 있을 것이다.

일요일 '디너'는 어제 저녁과는 달리 푸짐했다(일요일 점심은 정찬이다. 물론 독일이나 독일어권 스위스는 점심이 정찬이긴 하지만). 고모가 또 다른 명물음식을 내놓았던 것이다. 장크트 길렌의 특산물인 구운 소시지와 수프는 전채로, 얇게 썰어 구운 송아지고기에 크림소스를 듬뿍 얹어 먹는 음식은 주요리로 나왔다. 주 요리는 일종의 스튜인데 독일 레스토랑의 식단에도 항상 올라 있다. 나도 독일에서 많이 먹어봤다. 식사 도중에 고모부와 제니퍼가 주로 문답식 대화를 나눴다. 그가 물으면 그녀는 최선을 다해 대답했다. 주로 미국의 관광명소에 관한 것이었다. 제니퍼는 미국도 스위스 못지않게 호수와 명산이 많음을 강조했다. 그리고 스위스에 없는 아름다운 해변이 있다고도 지적했다. 특히 자기가 태어난 주(州)는 별칭이 '호수의 주'라는 것이었다. 드디어 고모가 끼어들었다.

"우리 스위스 음식은 어때요?"

“정말 맛있네요. Gorgeous meal!” 말하면서 제니퍼가 아침도 굶었는지 음식을 한입 가득 넣었다.

“Delicious!” 나는 맞장구쳤다.

“가이씨는 친구들에게 빨리 알려주는 게 좋지 않을까요?” 고모부가 나를 힐끔 쳐다보곤 말했다.

나는 잠시 머뭇대다 말을 꺼냈다. “볼프강, 나 여기서 며칠 쉬다갈게. 제니퍼를 무사히 뮌헨공항까지 안내해 주고. 알았어? 며칠 후에 뮌헨에서 다시 보자.”

“그래라. 나도 그 생각을 안 한 것은 아니다마는…… 방학도 아직 3, 4주 정도 남았으니 우리와 함께 서둘러 돌아갈 필요는 없지.”

“제니퍼, 미안해!”

“미안해 할 것 없어. 나야 뮌헨에서 바로 프랑크푸르트로 날아갈 텐데 뭘. 하기야 도중에 네가 빠지게 되니 좀 섭섭하지만.” 제니퍼가 미소 띠며 대꾸했다.

가족 모두 집밖으로 나가 길섶에 서서 떠나는 볼프강과 제니퍼에게 손을 흔들며 작별했다. 제니퍼는 내가 앉았던 앞좌석에 앉지 않고 뒷좌석에 자리를 잡았다. 다리를 쭉 뻗고 편안하게 가기 위해서였다.

그날 오후 사라와 나는 교외선 기차를 타고 시내로 들어가서 도보로 시가지구경을 했다. 장크트(聖) 갈렌도 장크트 오틸리엔처럼 수도원이 먼저 세워지고 나서 도시가 형성됐다고 한다. 후자는 물론 아주 작은 촌락에 불과하지만. 그래선지 장크트 갈렌은 과거의 좁은 골목길의 풍경이 그대로 보존되어 있으며, 도시 한복판에 성당과 〈ㄷ〉자(字)형의 구(舊)수도원, 그리고 수도원도서관이 오롯이 자리 잡고 있다. 시가지의 거리 양쪽으론 아름다운 옛 건물들이 늘어서 있다. 그리고 울창한 숲에 둘러싸여 있는 공원 내의 역사박물관도 볼거리 중 하나다. 유럽을 여행하면서 내가 못내 부러웠던 건 박물관과 옛 정취를 풍기는 건축물은 그렇다 치고라도 지친 보행자들에게 휴식처를 제공하는 공원이다.

우거진 나무와 울창한 숲에 포근히 안겨 있는 도시모습이야말로 너무나 아름답다. 공원쯤은 우리나라도 얼마든지 조성할 수 있을 텐데 말이다. 한국의 도시풍경은 그 맑은 푸른 하늘과는 어떤 면에선 대조적이었다. 나는 긴 한숨을 내뿜었다. 사라가 나의 한숨이 애처롭게 들렸는지 고개를 내게로 돌리곤 "무슨 일이 있느냐"고 물었다. 나는 이에 엉뚱한 반응을 보였다.

"우리 내일 취리히 구경이나 갈까? 기차로 얼마나 걸려?"

"한 시간. 내일은 하이디랑 등산갈까 하는데……"

"그래?"

얘기하며 걷다보니 어느새 수도원도서관에 도착했다. 나는 박물관 외에 기회 있으면 도서관도 즐겨 찾았다. 수도원도서관은 특히 많은 고서적과 그 외에 중세의 필사본과 구텐베르크 당시에 만든 활판 인쇄본 등 귀중한 장서를 소장하고 있었다. 유리 상자 안에 펼쳐진 채 진열된 인쇄본과 희귀본들을 한참 들여다봤다. 고딕체나 필사체 문자를 나로선 해독하기가 쉽지 않았다. 사라는 장서실의 천장에 그려진 프레스코 그림을 잠시 올려다보며 감상했다.

돌아오는 길에 사라가 물었다.

"그 동안 메히트힐트와 자주 연락이 있었나요?"

"뭐, 가끔. 여행할 때마다 그림엽서는 꼭 보내거든. 뮌헨에 가끔 들를 때면 잠깐 만나기도 하고……" 나는 대답 같지 않은 대답을 그냥 얼버무렸다.

"예쁘고 마음씨 좋은 여잔데, 왜 꼭 붙잡지 못했어요?" 그녀는 메히트힐트에 대한 나의 감정이 아리송하여 뭐가 뭔지 알 수가 없다는 듯이 말했다.

"글쎄? 붙잡을 힘이 부족해서. 그녀와 나 사이에 보이지 않은 유리벽이 가로놓여 있는 것 같아 더 가까이 다가서려 해도 다가설 수 없는 처지인지도 몰라. 그 유리벽을 깨고 들어가야 접촉을 시도할 수 있을 터인데, 깨진 유리조각에 다칠까봐 누구도 그 모험을 감행하려들지 않았거든. 우리는 영영 친구로 남을 운명인가 봐. 하지만 우리의 우정도 대단히 소중하다는 것을 난 굳게 믿어. 내가 그녀에게 준 것보다 받은 것이 너무나 많기 때문이기도 하고. 사랑도 결혼도 초월할 만큼. 이 값진 선물을 오롯이 가슴에 품고 덤덤하게 살아갈 생각이야.”

나는 심정토로를 한답시고 뭐가 뭔지 더욱더 알아들을 수 없게 지껄였다. 그녀를 과연 사랑한다는 소리인지 아닌지 그 여부조차 밝히지 않았으니, 완전히 핵심을 비켜 간, 그리고 어색한 변명밖에 들리지 않았다. 사라도 같은 생각인지 아무런 반응도 보이지 않은 채 객차의 유리창 밖을 내다보며 침묵했다.

다음날 - 취리히 나들이는 뒤로, 아니 체류 마지막 날로 미루고 - 계획대로 고모가 손수 만든 샌드위치 도시락을 배낭에 넣고 산행을 위해 집을 나섰다. 하이디도 따라나섰다. 우리는 빨강 열차(아펜첼러 행 사철[私鐵])를 타고 아펜첼 지방을 향해 남동쪽으로 달렸다. 아펜첼은 알프스 지방과는 다른 스위스의 또 하나의 매력이다. 오스트리아와 난쟁이 소국 리히텐슈타인과 인접해 있다. 차창 밖의 그림 같은 목가적인 풍경을 만끽하면서 여행했다. 목초지, 구릉지, 계곡, 방목한 소와 양 떼, 밋밋한 산을 타고 느릿느릿하게 오를 때면 마치 옛날 옛적의 증기기관차가 내뿜는 기적소리를 듣는 몽상에 젖기도 했다. 갑작스런 질문에 정신이 번쩍 들었다.

“가이씨, 영어 잘해요? 어제 보니 잘하시던데.” 하이디가 물었다.

“뭐, 조금. 왜, 하이디?”

“학교에서 영작숙제를 받았거든요.”

“뭐에 관해 쓰라는데?”

“주제는 자유예요. 써줄래요?”

사라가 옆에서 듣고 있다가 충고했다.

“하이디, 가이씨한테 써달라고 몽땅 맡기지 말고 네가 대충 써서 고쳐달라고 하렴?”

“그럼 언니 말대로 골격을 쓸 테니 가이씨가 살을 붙여서 작문을 완성해

주세요."

"그게 좋겠다. 내일 오전 시간 내어 같이 하자꾸나."

약 40분이 지나서 열차가 아펜첼 마을에 도착했다. 우리는 역에서부터 도보여행을 시작했다. 역에서 좀 떨어진 마을 중심가를 향해 걸어갔다. 꼬불꼬불한 골목길을 따라 들어선 하양, 빨강, 파랑 등 원색 계열의 아기자기한 외벽 가옥들. 아무리 작은 마을이라도 박물관이 없는 곳은 없다. 치즈공장도 다양하다. 게다가 치즈제조과정을 견학할 수도 있다. 아펜첼러 치즈. 나는 가게에서 음료수를 사서 두 처녀를 따라 인근 산을 올랐다. 우리가 오른 산은 아래에서 올려다보니 높이가 해발 200m 정도 밖에 되지 않아 보였다. 완만한 산이었다. 사라가 일부러 나를 위해 비교적 낮은 산을 고른 것 같았다. 그래도 나로선 엄청 힘들었다. 중턱까지 다다르는데도 힘에 겹고 숨이 벅차서 씩씩댔다. 이유는 이렇다. 나는 그때까지만 해도 등산 한 번 한 적이 없었다. 아마 산악보다 해안을 더 좋아하기 때문이었다. 짙푸른 바다, 초승달 또는 반달 모양의 길게 뻗친 모래사장, 까만 바위, 낭떠러지, 하얗게 부서지는 포말…… 하이킹과 등산은 수영과 파도타기 못지않게 재미있는 레포츠임에 틀림없다. 그러나 나는 아직 그 진수를 체득 못했다. 중턱엔 식당과 쉼터가 등산객들을 맞이했다. 사라가 나의 씩씩거리는 모습이 보기가 딱한지 잠시 휴식을 취하자고 제의했다. 사라가 배낭에서 샌드위치와 종이컵 세 개와 접시를 꺼내었다. 나는 각자의 컵에 음료수를 부었다.

"한국은 산이 많은 가요?" 하이디가 샌드위치를 베어 먹곤 물었다.

"한국은 거의 산으로 이뤄졌다고 해도 과언이 아니야. 약 65%."

"그럼 아름답겠군요."

"글쎄다? 산도 산 나름이지 뭐. 손때가 묻지 않은 자연을 어떻게 그대로 잘 보전하느냐가 중요하거든. 그 점에 있어선 한국은 문제가 많아. 개발이냐 보전이냐 뭐 그런 것 있잖아."

"등산은 처음이에요, 가이씨? 힘겹게 오르는 것 같아서요." 사라가 음료수 한 모금 마시고 물었다.

"응, 등산이나 먼 도보여행은 안 해본 것 같아. 한국은 삼면이 바다고…… 내륙은 산이고."

"삼면이 바다로 둘러싸여 있으니까 제니퍼의 말처럼 스위스에 없는 것도 있네요. 바다를 끼고 발달한 해안도시, 백사장…… 두루 갖췄군요."

"두루 갖추면 뭐해? 나라 주인들이 문제지. 아, 노자나 장자가 스위스의 자연을 보고 무슨 생각을 할까?" 나는 혼자서 중얼거렸다.

"네?" 사라가 놀란 표정을 지으며 반문했다.

"아무 것도 아냐."

사라는 다시 배낭을 어깨에 메고 하이디와 나란히 정상을 향해 올랐다. 나는 헐떡이며 뒤따라 오르다가 몇 번이고 발걸음을 멈추고 쉬었다. 그들도 따라 멈췄다.

"빨리 올라와요! 그러다가 날이 저물 때까지도 못 오르겠어요." 사라가 아래를 내려다보고 외쳤다.

나는 다시 일어나서

"천천히 올라가." 하고 소리치며 따라갔다

많은 등산객들이 좁은 비탈길을 오르내리고 있었다. 모두 다 나보다 빠르게 걸었다. 나는 종종 아래를 내려다보며 걷다보니 자연히 느림보 거북이나 나무늘보가 될 수밖에 없었다. '느리게 걷는 법을 배우라!' 뭐 그런 말도 있잖아. 정상까지 오르는데 중턱에서부터 시작하여 반시간 이상 걸렸다. 정상에 오르니 세계를 정복하는 것과 같았다. 나는 "야후" 하고 고함을 질렀다.

"세상이 한눈에 다 보이네."

사라가 언성을 높이며 대답했다.

"그러니까 산을 구경해야 세상을 안다고 하잖아요."

"높이 오르면 하늘과 신에 가까이 다가가는지는 몰라도 고독을 느끼죠. 자기존재와 자연. 그것뿐이에요." 하이디의 말소리가 바람을 타고 들려왔다.

"계곡과 시골풍경이 정말 동화에서 보는 것처럼 아름답군."

"아펜첼 지방의 최고봉 젠티스(Säntis) 산의 정상에 오르면 멋진 알프스도 조망할 수 있어요." 사라가 자랑하듯 말했다.

"얼마나 높은데?"

"해발 약 2,500m."

"해발 2,500m 산에 어떻게 올라가? 해발 200m 높이도 힘들어 죽을 지경인데."

"로프웨이를 타고 가면 금방이에요, 가이씨. 그보다 낮은 산도 있어요. 호어 카스텐(Hoher Kasten). 해발 1,794m 정상에 케이블카로 올라갈 수 있어요."

산꼭대기엔 중턱과 달리 아무 시설물도 없었다. 식당도 간이건물도 없었다. 꼭대기에 올라서니 사방이 탁 트인 일방 무제. 스위스의 어느 산인들 눈부신 푸르른 빛과 향기가 없으련만, 푸른 하늘 가까이까지 높이 솟은 봉우리에서의 망견(望見)은 무한한 신기루의 희망을 안겨 주리라. 새 한 마리가 푸르르 날갯짓을 하며 바람을 타고 높이 솟아올랐다. 우리 셋은 바위 위에 앉아 스위스 북동부의 찬란한 목가적 원경을 감상했다. 약 30분이 지나서 돌아갈 채비를 했다. 벌써 오후 4시. 산이 완만하여 쉽게 하산할 수 있을 것 같아서 오르막길과는 달리 내리막길은 내가 앞장서서 내려갔다. 가끔 "후라" 하고 소년처럼 고성을 지르며 뛰어 내려가다시피 했다. 사라와 하이디는 "가이씨, 조심하세요, 넘어지지 않게!" 하고 소리치며 따라왔다.

성 갈렌을 떠나기 하루 전에 사라와 나는 오후 잠시 짬을 내어 취리히를 방문했다. 우리는 중앙역에서 취리히 호수까지 이어지는 아름다운 반호프 거리를 거닐었다. 길 양쪽엔 고급가게들이 즐비하다. 가로수가 늘어선 인도엔 벤치가 놓여 있어 잠시 쉬어가기에도 안성맞춤이다. 나는 한 작은 보석가게의 쇼

윈도 앞에 잠시 멈춰 서서 수수한 장신구 하나를 살까 말까 망설였다. 순간, 안나로부터 여자친구에게 선물하라며 받은 그 실크 스카프를 사라에게 선물할까, 하고 생각도 해 봤는데, 뮌헨에 두고 왔음을 깨달았다. 사라는 눈치를 채고 크리스마스 때 받은 예쁜 보석함을 상기했다. 나는 가진 돈도 부족하고 해서 선물 사는 생각을 일단 접었다. 우리는 호수까지 천천히 계속 걸어갔다. 물위에 둥둥 떠 있는 많은 보트가 손님들을 지루하게 기다리고 있었다. 잠시 호수를 내려다보면서 나는 옛날 메히트힐트를 보트에 태우고 노 젓던 장면을 다시 떠올렸다.

드디어 마지막 체류지 스위스를 떠날 날이 왔다. 이와 더불어 나의 긴 휴가여행도 끝나게 되었다. 뮌헨 행 열차가 장크트 갈렌을 떠나 보던제 호반을 따라 한창 달리고 있을 때, 나는 객실 창밖을 내다보며 한동안 상념에 잠겼다. 프랑스 여행, 아름답고 이국적인 체험, 아니, 참된 벗들의 동행으로 자아를 재발견한 이색적인 인생체험……

마음의 산책

언젠가 친구들은, 제 갈 길을 찾아서, 저마다 뿔뿔이 흩어질 수밖에 없음을 생각하지 아니 한 바 아니었다. 추억의 흔적들만 남긴 채…… 예상이 적중한 듯, 아니나 다를까……

프랑스에서 여름휴가를 보낸 후 나는 다시 원전텍스트들을 뒤적이기 시작했다. 진척이 더뎠다. 어쨌든 이번 겨울학기에 학위논문을 마무리 짓고 보완작업을 거듭하여 내년 봄이나 가을에 필히 제출하기로 마음먹었다. 한계에 이르렀기 때문이다. 시간을 끌어봤자 뾰족한 수도 없어 보였다. 보기 좋게 퇴짜를 맞아도 할 수 없었다.

어느 일요일. 혼자 집에서 공허한 시간을 보내다가 문득 메히트힐트가 생각났다. 나는 그녀에게 전화를 걸었다. 마침 집에 있었다. 그녀는 내 목소리를 듣자 프랑스에서 보낸 그림엽서를 잘 받아봤다며 고맙다고 했다. 나는 프랑스 여행에서부터 스위스 장크트 갈렌 체류까지 장황하게 이야기를 늘어놓았다. 그녀가 별다른 반응을 보이지 않고 듣고만 있기에 나는 화제를 바꿨다.

"가끔 뮌헨에 온다면서 왜 연락 안 해?"

"응, 잠깐 볼일만 보고 다시 돌아가니까 여유가 없었어. 미안해. 다음엔 좋은 소식 갖고 연락할게."

"좋은 소식?" 전화를 끊고 나서 나는 그게 무슨 뜻인지 넋을 잃은 채 한참 동안 생각에 빠졌다. 여자에게 좋은 소식이란 뭘까? 결혼? 그래 그거였다. 결혼. 너도 결국 떠나는구나. 남는 것은 나 자신뿐…… 그리고 올해 크리스마스는 나 홀로 집에서 보낼 것 같았다. 갈 데도 없고, 아직 오라는 데도 없었다. 크리스마스가 다가오면 트롤 부인이 생각났다. "……갈 데 없으면 우리 집에 또 놀러 와요! 집에 혼자 쓸쓸히 있지 말고. 알았죠?" 나는 그녀에게 언제나 빠트리지 않고 크리스마스카드를 보냈다. 그리고 여행갈 때마다 그림엽서도. 때론 카드에 아리송한 시구 몇 줄을 함께 적어보내기도 했다. 왜 '아리송한' 시구냐고? 그거야 자명했다. 그녀로 하여금 시구를 읽고 무슨 뜻인지 오래오래 생각하게 하노라고. 그런 와중에 내 모습이 자기 눈앞에 아른아른 떠오르지 않겠어? 시의 묘미가 바로 거기에 있는 것 아니냐? 교묘한 술수? 그래 맞아! 나는 그럴 때마다 깊은 쾌감을 느끼거든. 여자에게, 특히 유부녀에게 시를 써서 바칠 때의 그 기분은 이루 헤아릴 수가 없었다. 마치 오묘한 성적 오르가슴을 느끼는 것처럼.

시간은 멈출 줄도 모르고 자꾸 흘러만 갔다. 겨울은 가고 봄이 다시 찾아왔다. 하루의 배분도 계절의 배분도 삶의 배분과 일치할까? 천체궤도는 합목적성에 입각하여 둥글게 돌아갈까? 순환의 원칙에 입각하여 나도 달관의 경지에 이르기까지 백발의 노인에서 소년으로 다시 되돌아갈 수는 없을까?

전화벨이 경쾌하게 울렸다.

"나, 메히트힐트. 그간 잘 있었어?" 그녀의 목소리 또한 수화기를 타고 이외로 경쾌하게 들려왔다.

"아, 메히트힐트, 지난 번 통화하고…… 글쎄, 얼마만이냐?" 나는 힘없이 되물었다.

"나 지금 뮌헨에 와 있거든. 잠깐 만나고 싶은데. 아니, 그보다 선약이 없으면 저녁이나 같이 하자. 너를 위해 일부러 시간을 냈어."

"그래? 네가 날 위해 일부러 시간을 냈다면, 선약이 있어도 취소해야지. 고맙다. 어디서 만날까?"

"「피나코텍 레스토랑」 알지? 유고 음식점 말이야?"

"알아."

왜 하필이면 그 레스토랑이라니! 오래전에, 사바나, 그리고 니콜과 저녁을 여러 번 먹었던 그곳. 그 후 친구들과도 한두 번 먹었고…… 추억의 레스토랑……

"거기서 만나자. 지금 4시니까 2시간 후에. 6시 어때?"

"좋아. 그럼 이따 보자."

어쩐 일로 만나자고 하는지 궁금했다. 그녀가 나한테서 영영 떠날 것 같은 예감이 들었다. 완성된 논문을 보여주고 싶었는데…… 하지만 긴 세월 동안 너를 알고 지낸 것만 해도 어디냐? 여한은 없었다.

6시 정각에 레스토랑에 들어섰다. 그녀는 벌써 도착하여 기다리고 있었다. 창가에 앉아서. 나를 보자 손을 흔들었다. 나는 당황했다. 아니 놀랐다. 그녀는 혼자가 아니었기 때문이다. 한 젊은 남자와 나란히 앉아 있었다. 내가 가까이 다가가자, 그들이 일어섰다. 나는 반갑다며 그녀를 먼저 포옹했다. 그러고 나서 그녀가 남자를 가리키며 자기 남편 한즈라고 소개했다. 나는 또 한 번 놀랐다. 이럴 수가? 내게 알리지도 않고 결혼을 했다니? 인사가 끝나자 우리는 앉았다.

"미안해, 가이야. 너에게만은 연락하려고 했었는데, 뜻대로 안 됐어." 메히트힐트가 먼저 말머리를 꺼냈다. 그리고 덧붙였다. "갑자기 결혼식을 올리는 바람에 친구들에겐 전혀 연락을 못했어."

왜? 조기 임신했나? 속도위반? 과속질주? 나는 속으로 물었다. 남자는 키가 컸다. 그러나 얼굴은 체구에 비해 작았다. 게다가 여드름이 나서 살갗이 좀 거칠었다. 사춘기는 훨씬 지났을 텐데, 웬 여드름? 등치 값은 제대로 하는지 모르겠군. 체구가 커서 성교할 때 자칫 잘못 흥분하면 왜소한 아내를 깔아뭉개거나 압사시킬 위험성이 높아 보였기 때문이다. 하기야 요즘은 다양한 체위가 개발됐으니 굳이 정상위를 고집할 필요야 없을 터이다. 별 걱정 다 하시네!

웨이터가 맥주를 가져왔다. 우리는 맥주잔을 들고 건배했다.

"할 수 없지 뭐. 이젠 다 지난 일이잖아. 하지만 솔직히 좀 섭섭하긴 하다. 언제 결혼했어?"

나는 기분이 좀 상했지만 내색 않고 자연스럽게 대화를 나누기로 했다.

"몇 달 됐어. 한즈는 같은 학교 물리교사야."

"잘됐네. 정말 축하한다."

유고요리가 식탁에 올려졌다.

"가이씨는 문학이 전공이라 그런지 독일어를 썩 잘하시네." 한즈가 드디어 말문을 열었다.

"감사합니다. 다 메히트힐트 덕분예요."

"가이는 독일어로 드라마도 쓰고 시도 짓고 등등…… 문학에 대한 소질이 풍부해. 즉 예인의 기질을 타고났어." 메히트힐트가 나를 치켜세웠다.

"조롱하지 마, 메히트힐트!"

"그래? 정말 재능이 있나 보죠." 그가 한마디 논평했다.

"유고 음식 맛있다!" 메히트힐트가 외쳤다.

그녀는 결혼해서 그런지 한층 성숙해 보였다. 부드러운 살결, 하얀 살빛에 연지를 바른 것처럼 늘 볼그스름한 볼. 여전히 생기를 띤 얼굴.

"여기 자주 와?"

"아니. 네가 유고요리 맛있다고 자랑해서 이곳을 택했어."

"신혼여행은 어디로 갔었어?"

"이스탄불을 거쳐서 지중해 휴양지 안탈랴(Antalya)로."

"이스탄불? 동(東)과 서(西)가 만나는 세계의 유일한 도시. 그리고 안탈랴. 정말 멋진 곳에 갔었군."

나도 언젠가 꼭 가보고 싶은 도시들 중 하나였다. 이스탄불.

"안탈랴도 휴양하기 좋은 곳이지만, 터키를 알려면 이스탄불은 꼭 한 번 가봐야 해요. 가이씨도 작가의 꿈을 저버리지 않겠다면 말예요. 애거서 크리스티도 이 도시의 어느 호텔에 머물면서 집필생활을 했었다죠, 아마. 그 호텔이 오리엔트 특급열차의 종착역에서 얼마 멀지 않은 약간 경사진 곳에 자리 잡고 있다던데요. 창가에서 중앙역과 보스포루스 해협을 조망할 수도 있고요. 자연히 영감이 떠오를 거예요. 모스크의 첨탑에서 빛의 무리가 휘황찬란하게 떠오르듯……" 한즈가 관광안내원 못지않게 장황하게 늘어놨다.

"그리고 이스탄불은 보석의 도시야. 어둠이 깔리면 모스크의 돔도 보석 같은 빛을 발하며 밤하늘을 장식하지만 세계에서 가장 큰 옥내 대바자 시장 안에만 수천 개의 작은 보석상점이 벌집처럼 다닥다닥 붙어 있어 과히 보석의 도시라 아니할 수 없거든. 세계에서 가장 금값이 싼 곳이 아마 바로 이 대바자 시장이래. 그래도 부르는 값의 절반을 깎고 나서 흥정을 시작하는 게 보통이래." 메히트힐트 또한 남자의 말을 이어받아 길게 설명했다.

"그래서 보석 많이 샀어?" 나는 물었다.

"아니. 한두 개 정도. 주로 구경만 했지 뭐니."

웨이터가 맥주잔만 남겨두고 식탁을 말끔히 치웠다. 나는 화장실 가는 척하고 미리 음식 값을 지불했다. 축하하는 의미에서 내가 대접하는 것이 옳다고 믿었기 때문이다. 그리고 그 동안 진 빚도 있고……

내가 돌아와서 다시 자리에 앉자 남자는 기다렸다는 듯 말문을 열었다.

"공부하느라 아무리 바빠도 틈을 내어 우리 집에 한 번 놀러 와요. 친구는 영원히 친구예요."

말이라도 고맙다! 남자는 생각보다 마음씨가 너그러운 것 같았다.

"그럼! 주말이나 방학 때에 놀러 와라. 결혼 후 방 세 칸짜리 집으로 이사했거든. 잠잘 방은 있으니 염려 말고 언제라도 와라." 메히트힐트가 거들었다.

"고맙다. 그래, 생각해 볼게."

나는 그들과 헤어지고 무거운 마음으로 걷기 시작했다. 집에 곧장 들어가기도 싫었다. 전차를 타고 낭만을 즐길 생각은 더더욱 없었다. 마냥 걷고 싶었다. 오늘따라 유고음식이 유난히 맛이 없었다. 음식이 맛없는 게 아니라 메히트힐트가 결혼했다니까 입맛이 떨어진 게로군. 안 그런가? 좋은 세월은 물 흐르듯 지나갔단 말인가. 한적한 거리를 지나다가 네온사인이 번쩍이는 바가 눈에 띄었다. 나는 생전 안 하던 짓을 했다. 바에 혼자 들어가서 술은 마신 일은 아직 단 한 번도 없었다. 그러나 모든 일은 예외가 있는 법. 스탠드에 혼자 앉아 위스키를 시켰다. 위스키는 특별한 경우를 제외하곤 잘 마시지 않지만, 이날 저녁만큼은 마셔야겠다고 생각했다. 위스키 반병을 마셨다. 볼프강이나 스와니를 불러 같이 마실 수도 있었지만, 혼자 있고 싶었다. 그들은 "그깟 것 가지고 뭘 그려? 잊어버려. 애정이 깊은 것도 아니잖아." 하고 핀잔을 줄 게 뻔했다. 나도 그들처럼 낙천적이라고 생각했는데, 그게 아닌 모양이었다. 술을 마시고 나서 가만히 생각해 보니 집 말고는 갈 데가 없었다. 결국 집으로 돌아가서 바로 잠에 곯아 떨어졌다. 얼마나 오랫동안 정신을 잃고 잤던지 머리가 빠개질 듯 아파서 눈을 떴다. 두통에다 온몸도 떨리기 시작했다. 몸살인가. 어느새 날이 밝았는지 밖이 환했다. 욕조에 뜨거운 물을 받아 풍덩 들어가서 몸을 풀었다. 이럴 땐 뜨거운 목욕이 효과적이었다.

시간이 지나자, 우울한 마음도 가라앉았다. 정말 시간이 약이구나, 하는 생각이 들었다. 나는 서랍 속에 쑤셔 넣어뒀던 작품원고를 오랜만에 다시 끄집어내었다. 그 동안 두어 번 수정작업을 거쳤으나, 한번 더 정독한 끝에 내용을 대폭 축소했다. 수년 전에 헤르더 교수가 나의 작품을 읽고 교섭상대로 「뮌헨 실내극단」의 희곡담당책임자 볼프강 찜머만을 소개하면서 추천서까지 써주셨다. 그래서 교수의 추천서(부록 III 참조)를 첨부하여 최종원고를 찜머만씨 앞으로 송달했다. 한 달 후 심사평가와 함께 원고가 되돌아왔다. 첨서(添書)는 다음과 같다. (원문은 부록 IV 참조)

뮌헨 실내극장

극장 · 실험극장

뮌헨 80539, 힐데가르트 가(街) 1번지

경영관리실 *뮌헨, 196X년 8월 6일*

정가이씨 귀하
뮌헨 81677
레발러 가(街) ______

존경하는 정가이씨,

귀하의 희곡 「환멸」을 심사하느라 오랜 시간이 걸려 대단히 죄송합니다……

J___ 지방을 사건의 배경으로 하여 일어나는 정감 넘치는…… 이 드라마는 보람 있는 읽을거리를 제공하는 것만은 확실합니다. 인상주의적으로 그려진 극중 인물들은 종종 극의 구체성을 얻지 못하고 대충 윤곽만을 보여주고 있습니다. 극적 사건이 별로 없는 본 작품은 인물 상호간의 특정적인 위치를 통하여 흥미를 불러일으키며, 따라서 방송극이나 인상주의적 필름에 적합한 듯한 인상을 더욱더 강하게 줍니다. 선생님 스스로도 첨부한 최초의 서한에서 영화기법의 구조를 본떠서 구상했음을 지적한 바 있습니다. 그

리고 본인이 인상주의적이라고 말한 것도, 선생님의 말을 인용한다면, 음의 뉘앙스가 풍부한 문체에 가깝다는 겁니다.

언급한 바와 같이, 작품을 지대한 관심을 가지고 읽었습니다. 그러나 무대의 실현이 과연 기존의 소재와 주제의 특성들로 우리가 바랄만큼 무대효과를 제대로 나타낼지가 의문입니다. 바이에른 방송국과 접촉을 한 번 시도해 보시지 않겠습니까? 사정에 따라선 그곳에서 방송을 통해 작품을 소개할 수도 있을 겁니다.

신뢰를 주셔서 대단히 감사합니다. 앞으로도 선생님의 작품들을 흔쾌히 읽을 것을, 그리고 그밖에 질문이 있으시면, 상담에 친히 응할 것을 약속드립니다.

다정한 인사를 드리며,

볼프강 찜머만
(연극업무담당관)

이로써 나의 창작활동은 시작도 하기 전에 이미 끝나버렸다. 들뜬 마음을 가라앉히고 원고를 다시 차분히 읽어봤지만 나 스스로도 솔직히 이에 만족한 것은 아니었다. 그의 지적대로 부족한 점이 많았다. 그가 바이에른 방송국(Bayerischer Rundfunk)이나 데쎠(Desch) 출판사 등을 소개하며 원고를 보내보라고 권했건만, 나는 그의 권유에 응하지도 않았을 뿐더러 일체 그들과 접촉도 시도하지 않았다. 접촉을 해봤자 이 작품으론 어떤 기대도 무리라는 판단이 앞섰기 때문이다.

나는 일체 잡념을 버리고 이제부터 학업에 전념하기로 마음을 굳혔다. ■

부 록

【부록 I】

Lieber Kai! *Schorndorf am Ammersee, 19. 8. 196X*

Ein herrlicher Sonnenaufgang! Ich bin an das Seeufer hinabgestiegen und habe Muschulschalen und Eicheln gefunden. Die Wellen schlagen leise ans Ufer und eine breite Straße von hellem Gold läuft quer über das Wasser bis zu meinen Füßen. Ach, es ist schön hier! – Ich bin noch nicht ganz ausgeschlafen und werde romantisch!

Nun sitze ich hier und muß Dir schreiben, daß mich Dein Drama ratlos macht. Ich habe es gestern zur Hälfte gelesen und den Rest überflogen und fühle mich ganz unfähig, es zu korrigieren. Natürlich könnte ich alle grammatischen und Druckfehler ausbessern, aber dann steht dennoch ein Satz da, den man entweder nie im Deutschen sagen würde, oder dem Sinn nach nicht gut fassen kann. Das gilt besonders von den Einleitungen, den Gedichten und den Diskussionen. Ich weiß vom Englischen her, was gesagt werden will, kann aber doch nicht nach Belieben umändern. Du hast aber viel Mut, ein so langes Drama schon in Deutsch zu schreiben. Versteh mich nicht falsch, Dein Deutsch ist erstaunlich gut, was den Wortschatz und die Lebendigkeit im Ausdruck betrifft. Aber oft hast Du noch nicht die typisch deutsche Ausdrucksweise und den richtigen Ton gefunden. Ich merke Deine eigene Ausdrucksweise, wie Du die Dinge sagen willst, hindurch; doch mußt Du erst den passenden deutschen Ton finden. Soweit die Sprache. Über Aufbau und Inhalt müßte ich länger mit Dir sprechen, weil ich da viele Fragen habe[…]. Die Handlung ist ziemlich solid in den einzelnen Akten, und wenn Du dennoch ein bißchen kürzen würdest, damit die verschiedenen Akzente besser hervortreten, kann sie ganz wirkungsvoll sein, auch oder gerade auf der Bühne![…] Eine andere Frage sind die Personen im einzelnen. Am meisten überzeugen mich Igary, Nani und der Abt. Igary ist sehr reizvoller Charakter. Ich weiß nicht warum; vielleicht, weil er überhaupt keinen Charakter hat, aber was wir sonst mit Charakter meinen[…]. Wenn du mehr davon wisen willst, sage ich es Dir nächstes Mal. - Über das andere mündlich. Schreib mir bitte gleich, was ich tun soll. Soll ich grammatische Fehler verbessern! Ich habe es hier und da getan, aber es hat keinen Sinn, wenn der Satz unverständlich bleibt. Ich glaube, das Beste wäre, Du würdest das Drama liegen lassen, ein neues, kürzeres! beginnen, es in ein gutes Deutsch bringen und, - wenn Du Dich im Deutschen sicherer und im Dichten bzw. Dramenschreiben gewandter fühlen, - dieses korrigieren. Nichts für ungut!

Freundliche Grüße, *Mechthild*

【부록 II】

Lieber, lieber Kai!!!　　　　*B_____, den 27. 6. 196X*

Viele liebe Post ist von Ihnen eingegangen und hat jedesmal viele Freuden bei mir hervorgerufen - und längst wollte ich Ihnen einen Brief schreiben, aber im Frühjahr lag ich eine Zeitlang krank zu Bett - aber in Gedanken war ich oft bei Ihnen und vielleicht haben Sie das gespürt, denn ich bin überzeugt, daß es solche Strömungen zwischen uns gibt!

Doch als nun sogar eine Karte aus Cham kam, stand fest, daß ich endlich zur Feder greifen muß! um Ihnen für alle Ihre liebe Post zu danken! Aber es wäre schön gewesen, Sie wären bei Ihrer Chamer Reise hier mal aufgekreuzt! Ich hätte mich ganz sehr gefreut! Was tut ein Freund oder eine Freundin von Ihnen in Cham? und kommen Sie da öfters hin? Gestern war ich zufällig dort und erzählte auch meiner Freundin von Ihrem Chamer Besuch und auch sie hätte sich gefreut, Sie einmal wieder zusehen und hätte Sie bestimmt zu einem Diner eingeladen! Also lassen Sie sich bei so einer Gelegenehit doch bestimmt sehen! oder rufen Sie einmal an, wenn Sie in der Nähe sind! Nachdem Frau Goß in Cham eine stadtbekannte Modedesignerin ist, hätten Sie nur in einem Geschäft der Innenstadt danach fragen brauchen und Sie hätten sie leicht gefunden! Also merken Sie fürs nächste Mal!

Sie waren im Früjahr immer mal unterwegs - Ihre schöne Karte vom Ammersee hat bei mir herrliche Erinnerungen hervorgerufen, weil ich dort einige schöne Tage verlebt habe - Wasser und Berge dazu, was kann es Schöneres geben!

Wissen Sie, was ich mir aufgehoben habe? Ihre Gedichte natürlich, und Ihren Brief vom Februar in Gedichtform! der mich so erfreut hat und dabei fällt mir ein, daß ich einen Auszug aus Ihrem Buch erhalten sollte?! Wie weit ist diese Sache gediehen? Damals war der Professor wohl krank, dem Sie es eingereicht haben. Wurde es schon gedruckt? Bitte berichten Sie mir darüber.

Zu meinem Titel `Philosoph' kommt nun noch der Titel `Lyriker' hinzu, denn das sind Sie - das Gedicht ist 'wonderful` - ich habe es schon oft gelesen und ich danke Ihnen vielmals! Woher ich weiß, daß Sie schreiben? Wir sprachen bei Ihrem Hiersein davon[…].

In der Kirche und im Mittelschiff kniete ich nieder und dachte an Sie und ließ alle meine guten Wünsche für Sie nach München wandern - hoffentlich hatten Sie die Ohrenklingen - das waren dann meine Gedanken!

Bei uns geht es sonst noch alles seinen Gang. Unser Vierbeiner 'Solomon' sorgt dafür, daß Leben und Schmutz ins Haus getragen wird. - und es ist für ihn die größte Wonne, wenn ich mit ihm in der Früh' eine Stunde durch den Wald laufe! und ich bin froh, wenn ich ihn wieder im Haus habe, denn draußen ist er wild[…]. Auch den Hannoveraner Zwillingen 'Kastor' und 'Pollux' geht es gut, und Beide sind brav und gesund[…]. Ich werde mich wieder fit halten durch Reitsport. Und mein Mann war drei Wochen in dem Chamer Krankenhaus zur Behandlung seiner Fettleber - ach das war schon allerhand[…]. Er ist wieder täglich unterwegs, gottlob, denn ein Mann muß hinaus ins feindliche Leben. Er hat absolut keine Ruhe - keine Geduld zum Entspannen.

Nach München habe ich vor, in Bälde zu fahren. Mein Bruder ist seit

Anfang Februer nach München versetzt worden. Seine Familie sitzt noch in Karlsruhe, aber im Sommer hoffen sie eine Wohnung in München zu bekommen - dann habe ich eine günstigere Übernachtungsmöglichkeit und hoffentlich auch mal mehr Zeit für diese herrliche Stadt und dann werde ich Sie bestimmt auch mit aufsuchen!

Vorerst wünsche ich Ihnen Glück und Segen und Gesundheit und viel Schönes!

Ihre Anna Troll
die sich stets freut, von Ihnen zu hören!

【 부록 Ⅲ 】

독일 어문학 학과 뮌헨 80539, 196X년 1월 25일

뮌헨 대학교 게슈비스터 · 숄 · 광장

우리 대학교에 재학 중인 한국인 외국학생 정가이씨가 본인의 평가를 받기 위해 자신이 집필한 희곡작품을 내놓았습니다. 나는 비연극평론가로서 최종판단을 내릴 수는 없지만 여기에 학생의 진정한 재능이 드러나 있다는 인상을 받았습니다. 나는 작년에 「실내극단」의 심사위원의 한 사람으로서 본(本) 드라마의 수준에도 못 미치는 작품을 많이 접해봤습니다. 아직 남아 있는 언어상의 불균형은 쉽게 제거할 수 있을 겁니다; 실은 시적 부분과 이론적 논쟁이 잘 융합되지 않는데 보다 약간의 어려움이 있는 게 사실입니다만.

그럼에도 불구하고 여기서 글을 통해 자신을 알리고자 하는 한 저자를 간과해선 안 된다고 나는 생각합니다. 그러므로 작품심사를 요구하는 학생의 청원에 간절하게 지원하는 바입니다.

(E. 헤르더 교수)

Seminar für Deutsche Philologie 80539 München. 25. 1. 196X
Universität München Geschwister · Scholl · Platz

Herr Kai Jung aus Korea, ein ausländischer Student unserer Universität, hat mir ein von ihm verfasstes Drama zur Beurteilung vorgelegt. Wenn ich auch als Nichttheaterfachmann kein endgültiges Urteil abgeben kann, so habe ich doch den Eindruck, daß es sich hier um eine ernsthafte Begabung handelt. Ich habe im vorigen Jahr der Jury für den Dramenwettbewerb der Kammespiele angehört und dabei viele Stücke zu Gesicht bekommen, die sehr unter dem Niveau dieses Dramas lagen. Die noch vorhandenen kleinen sprachlichen Unebenheiten lassen sich leicht beseitigen; etwas schwieriger vielleicht ist die Tatsache, daß die eigentlichen poetischen Teile des Stückes nicht ganz glücklich sich mit den theoretischen Auseinandersetzungen mischen..

Trotz allem glaube ich, daß hier ein Autor sich zu Wort meldet, der beachtet werden sollte. Ich möchte deswegen seine Bitte um Prüfung seiner Arbeit dringend unterstützen.

(Professor Dr. E. Herder)

【부록 IV】

Münchner Kammerspiele

Schauspielhaus·Werkraumtheater

80539 München, Hildegardstrasse 1

Direktion 6. August 196X

Herrn

Kai Jung

81677 M ü n c h e n

Revalerstr. ______

Sehr geehrter Herr Jung,

es tut mir außerordentlich leid, daß Sie auf die Prüfung Ihres Dramas "Desillusion" so lange warten mußten[…].

Dieses simmungsvolle Drama[…]. in das die Landschaft des J____ hereinspielt, bietet ganz gewiß eine lohnende Lektüre. Die impressionistisch gezeichneten Figuren haben Umrisse, obwohl sie oft nicht Bühnenplastik gewinnen. Das nicht sehr handlungsreiche Stück erweckt Interesse durch die charakteristische Position der Figuren zueinander, wobei aber immer stärker der Eindruck entsteht, daß die vorliegende Arbeit mehr als Hörspiel oder als impressionistischer Film zur Geltung kommen könnte. Sie selbst haben in Ihrem ersten Begleitbrief darauf hingewiesen, daß der Aufbau filmischer Technik nachempfunden ist und das, was ich als impressionistisch bezeichnet habe, nähert sich, um Sie selbst zu zitieren, dem melodi-

ösen Stil. Wie gesagt, wir haben die Arbeit mit großem Interesse gelesen, fürchten aber doch, daß eine Realisierung auf der Bühne die vorhandenen Qualitäten von Stoff und Thema nicht so zu theatralischer Wirkung bringen könnte, wie man es fordern müßte. Wollen Sie nicht einmal mit dem Bayerischen Rundfunk Kontakt aufnehmen? Eventuell hat man dort eine Möglichkeit, die Arbeit vorzustellen.

Besten Dank für Ihr Vertrauen. Ich darf Ihnen versichern, daß ich auch weiterhin sehr gerne Arbeiten von Ihnen lesen werde und, sollten Sie einmal Rückfragen haben, zu einem Gespräch zur Verfügung stehe.

Mit freundlichen Grüßen

Ihr

Wolfgang Zimmermann

(Geschäftführ. Dramaturg)